SOCIEDADE DO **CANSAÇO**

Dados Internacionais de Catalogação na Publicação (CIP)
(Câmara Brasileira do Livro, SP, Brasil)

Han, Byung-Chul
  Sociedade do cansaço / Byung-Chul Han ; tradução de Enio Paulo Giachini; tradução dos trechos em inglês por Letícia Meirelles. – Petrópolis, RJ : Vozes, 2024.

Título original: Müdigkeitsgesellschaft

3ª reimpressão, 2025.

ISBN 978-85-326-6879-0

1. Esgotamento (Psicologia) 2. Filosofia 3. Sociedade I. Título.

24-200526   CDD-100

Índices para catálogo sistemático:

1. Filosofia   100
Eliane de Freitas Leite – Bibliotecária – CRB 8/8415

BYUNG-CHUL HAN

SOCIEDADE DO **CANSAÇO**

Tradução de Enio Paulo Giachini

© Matthes & Seltz Berlin Verlag. Berling, 2010.

Tradução do original em alemão intitulado *Müdigkeitsgesellschaft*

Direitos de publicação em língua portuguesa – Brasil:
2015, 2024 Editora Vozes Ltda.
Rua Frei Luís, 100
25689-900 Petrópolis, RJ
www.vozes.com.br
Brasil

Todos os direitos reservados. Nenhuma parte desta obra poderá ser reproduzida ou transmitida por qualquer forma e/ou quaisquer meios (eletrônico ou mecânico, incluindo fotocópia e gravação) ou arquivada em qualquer sistema ou banco de dados sem permissão escrita da editora.

CONSELHO EDITORIAL

Diretor
Volney J. Berkenbrock

Editores
Aline dos Santos Carneiro
Edrian Josué Pasini
Marilac Loraine Oleniki
Welder Lancieri Marchini

Conselheiros
Elói Dionísio Piva
Francisco Morás
Teobaldo Heidemann
Thiago Alexandre Hayakawa

Secretário executivo
Leonardo A.R.T. dos Santos

PRODUÇÃO EDITORIAL

Anna Catharina Miranda
Eric parrot
Jailson Scota
Marcelo Telles
Mirela de Oliveira
Natália França
Priscilla A.F. Alves
Rafael de Oliveira
Samuel Rezende
Verônica M. Guedes

Tradução dos trechos em inglês: Letícia Meirelles
Editoração: Flávia Peixoto | Fernanda C. Berger
Diagramação: Editora Vozes
Revisão gráfica: Lorena Delduca Herédias
Capa: Estúdio 483

ISBN 978-85-326-6879-0 (Brasil)
ISBN 978-3-88221-615-5 (Alemanha)

Este livro foi composto e impresso pela Editora Vozes Ltda.

Sumário

1 – A violência neuronal 9

2 – Além da sociedade disciplinar 23

3 – O tédio profundo 33

4 – *Vita activa* 43

5 – Pedagogia do ver 55

6 – O caso Bartleby 65

7 – Sociedade do cansaço 77

Anexos 87

A VIOLÊNCIA
NEURONAL

1 A VIOLÊNCIA NEURONAL

Cada época possuiu suas enfermidades fundamentais. Desse modo, temos uma época bacteriológica, que chegou ao seu fim com a descoberta dos antibióticos. Apesar do medo imenso que temos hoje de uma pandemia gripal, não vivemos numa época viral. Graças à técnica imunológica, já deixamos para trás essa época. Visto a partir da perspectiva patológica, o começo do século XXI não é definido como bacteriológico nem viral, mas neuronal. Doenças neuronais como a depressão, transtorno de déficit de atenção com síndrome de hiperatividade (TDAH), transtorno de personalidade limítrofe (TPL) ou a síndrome de *burnout* (SB) determinam a paisagem patológica do começo do século XXI. Não são infecções, mas enfartos, provocados não pela *negatividade* de algo imunologicamente diverso, mas pelo excesso de *positividade*. Assim, eles escapam a qualquer técnica imunológica, que tem a função de afastar a negatividade daquilo que é estranho.

O século passado foi uma época imunológica. Trata-se de uma época na qual se estabeleceu uma divisão nítida entre dentro e fora, amigo e inimigo ou entre próprio e estranho. Mesmo a Guerra Fria seguia esse esquema imunológico. O próprio paradigma imunológico do século passado foi integralmente dominado pelo vocabulário dessa guerra, por um dispositivo francamente militar. A ação imunológica é definida como ataque e defesa. Nesse dispositivo imunológico, que ultrapassou o campo biológico adentrando no campo e em todo o âmbito social, ali foi inscrita uma cegueira: pela defesa, afasta-se tudo que é estranho. O objeto da defesa imunológica é a estranheza como tal. Mesmo que o estranho não tenha nenhuma intenção hostil, mesmo que ele não represente nenhum perigo, é eliminado em virtude de sua *alteridade*.

Nesses últimos tempos, têm surgido diversos discursos sociais que se servem nitidamente de modelos explicativos imunológicos. Todavia, a atualidade do discurso imunológico não pode ser interpretada como sinal de que a organização da sociedade de hoje seria uma época mais imunológica do que qualquer outra. O fato de um paradigma ser erigido propriamente como objeto de reflexão, muitas vezes, é sinal de seu declínio. Imperceptivelmente, já desde há algum tempo, vai se delineando uma mudança de paradigma. O fim da Guerra Fria ocorreu precisamente no curso dessa mudança de paradigma[1]. Hoje a sociedade está entrando cada vez mais numa constelação que se afasta totalmente do esquema de organização e de defesa imunológicas. Caracteriza-se pelo desaparecimento da *alteridade* e da *estranheza*. A alteridade é a categoria fundamental da imunologia. Toda e qualquer reação imunológica é uma reação à alteridade. Mas, hoje em dia, em lugar da alteridade entra em cena a *diferença*, que não provoca nenhuma reação imunológica. A diferença pós-imunológica, sim, a diferença pós-moderna já não faz adoecer. Em nível imunológico, ela é o *mesmo*[2]. Falta à diferença,

---

1. É interessante notar que há uma influência mútua entre discursos sociais e biológicos. Ciências não estão livres de dispositivos que não são de origem científica. Assim, após o fim da Guerra Fria, encontramos uma mudança de paradigma também dentro da imunologia medicinal. A imunologista americana Polly Matzinger rejeita o velho paradigma imunológico da Guerra Fria. De acordo com seu modelo imunológico, o sistema imunológico não distingue entre *self* e *non-self*, entre próprio e estranho ou outro, mas entre *friendly* e *dangerous* (cf. MATZINGER, P. Friendly and dangerous signals: is the tissue in control? *Nature Immunology*, vol. 8, n. 1, 2007, p. 11-13). O objeto da defesa imunológica já não é mais a estranheza ou a alteridade como tal. Só se repele aquela intromissão estranha que se porta destrutivamente no interior do próprio. Nessa perspectiva, enquanto o estranho não chama a atenção, não é tocado pela defesa imunológica. De acordo com a ideia de Matzinger, o sistema imunológico *biológico* é mais hospitaleiro do que se admitiu até o presente. Não conhece nenhuma xenofobia. É mais inteligente, portanto, que a sociedade humana com xenofobia. Essa é uma reação imunológica patologicamente potenciada, prejudicial inclusive ao desenvolvimento do próprio sistema imunológico.

2. Também o pensamento de Heidegger aponta um teor imunológico. Assim, ele rechaça decididamente o *igual* e lhe contrapõe o *mesmo*. Contrariamente ao igual, o mesmo possui uma interioridade, na qual repousa toda e qualquer reação imunológica.

de certo modo, o aguilhão da estranheza, que provocaria uma violenta reação imunológica. Também a estranheza se neutraliza numa fórmula de consumo. O estranho cede lugar ao exótico. O *tourist* viaja para visitá-lo. O turista ou o consumidor já não é mais um *sujeito imunológico*.

Dessa forma, também Roberto Esposito coloca uma falsa hipótese na base de sua Teoria da *Immunitas*, ao afirmar:

> Em qualquer dia do último ano podemos ler o relato nos jornais, talvez até na mesma página, a respeito de diversos acontecimentos. O que têm em comum entre si fenômenos como a luta contra o surto de uma nova epidemia, a resistência contra um pedido de extradição de um chefe de Estado estrangeiro, acusado de violação dos direitos humanos, o reforço das barreiras contra a imigração ilegal e as estratégias para neutralizar o ataque dos vírus de computador mais recentes? Nada, na medida em que os interpretamos dentro de seus respectivos âmbitos, separados entre si, como a medicina, o direito, a política social e a tecnologia da informática. Mas isso se modifica quando nos referimos a uma categoria interpretativa, cuja especificidade mais própria consiste na capacidade de cruzar transversalmente aquelas linguagens particulares, referindo-nos a um e ao mesmo horizonte de sentido. Como fica evidente já a partir do título desse volume, pro-

1 – A violência neuronal

> ponho essa categoria como sendo a categoria da "imunização". [...] Os acontecimentos descritos acima, independentemente de sua desigualdade lexical, podem ser todos reduzidos a uma reação de proteção contra um risco[3].

Nenhum dos acontecimentos mencionados por Esposito aponta para o fato de que nos encontramos em meio a uma época imunológica. Também o assim chamado "imigrante", hoje em dia, já não é mais imunologicamente um *outro*; não é um *estrangeiro*, em sentido enfático, que representaria um perigo real ou alguém que nos causasse medo. Imigrantes são vistos mais como um peso do que como uma ameaça. Também o problema do vírus de computador já não tem mais tanto impacto social. Não é por acaso então, que em sua análise imunológica, Esposito não se volta para problemas da atualidade, mas exclusivamente a objetos do passado.

O paradigma imunológico não se coaduna com o processo de globalização. A alteridade, que provocaria uma imunorreação, atuaria contrapondo-se ao processo de suspensão de barreiras. O mundo organizado imunologicamente possui uma topologia específica. É marcado por barreiras, passagens e soleiras, por cercas, trincheiras e muros. Essas impedem o processo de troca e intercâm-

---

3. ESPOSITO, R. *Immunitas* – Schutz und Negation des Lebens. Berlim, 2004, p. 7.

bio. A promiscuidade geral que hoje em dia toma conta de todos os âmbitos da vida, e a falta da alteridade imunologicamente ativa, condicionam-se mutuamente. Também a hibridização, que domina não apenas o atual discurso teorético-cultural mas também o sentimento que se tem hoje em dia da vida, é diametralmente contrária precisamente à imunização. A hiperestesia imunológica não admite qualquer hibridização.

A dialética da negatividade é o traço fundamental da imunidade. O imunologicamente outro é o negativo, que penetra no próprio e procura negá-lo. Nessa negatividade do outro o próprio sucumbe, quando não consegue, de seu lado, negar àquele. A autoafirmação imunológica do próprio, portanto, se realiza como negação da negação. O próprio afirma-se no outro, negando a negatividade do outro. Também a profilaxia imunológica, portanto a vacinação, segue a dialética da negatividade. Introduz-se no próprio apenas fragmentos do outro para provocar a imunorreação. Nesse caso a negação da negação ocorre sem perigo de vida, visto que a defesa imunológica não é confrontada com o outro, ele mesmo. Deliberadamente, faz-se um pouco de autoviolência para proteger-se de uma violência ainda maior, que seria mortal. O desaparecimento da alteridade significa que vivemos numa época pobre de negatividades. É bem verdade que os adoecimentos neuronais do século XXI seguem, por seu turno, sua dialética, não a dialética da negatividade, mas a da positividade. São estados patológicos devidos a um *exagero de positividade*.

A violência não provém apenas da negatividade, mas também da positividade, não apenas do outro ou do estranho, mas também do *igual*. Baudrillard aponta claramente para essa violência da positividade quando escreve sobre o *igual*: "Quem vive do igual, também perece pelo igual"[4]. Baudrillard fala igualmente da "obesidade de todos os sistemas atuais", do sistema de informação, do sistema de comunicação e do sistema de produção. Não existe imunorreação à gordura. Mas Baudrillard expõe o totalitarismo do igual a partir da perspectiva imunológica – e essa é a debilidade de sua teoria:

> não é por acaso que se fala tanto de imunidade, anticorpos, de inseminação e aborto. Em tempos de carestia, a preocupação está voltada para a absorção e assimilação. Em épocas de superabundância, o problema volta-se mais para a rejeição e expulsão. A comunicação generalizada e a superinformação ameaçam todas as forças humanas de defesa[5].

Num sistema onde domina o igual só se pode falar de força de defesa em sentido figurado. A defesa imuno-

---

4. BAUDRILLARD, J. *Transparenz des Bösen* – Ein Essay über extreme Phänomene. Berlin, 1992, p. 75.

5. *Ibid.*, p. 86.

lógica volta-se sempre contra o outro ou o estranho em sentido enfático. O igual não leva à formação de anticorpos. Num sistema dominado pelo igual não faz sentido fortalecer os mecanismos de defesa. Temos de distinguir entre rejeição (*Abstössung*) imunológica e não imunológica. Essa se aplica a um *excesso de igual*, um exagero de positividade. Ali não há participação de nenhuma negatividade. Ela tampouco é uma exclusão (*Ausschliessung*), que pressupõe um espaço interno imunológico. A rejeição imunológica se dá, ao contrário, independentemente do *quantum*, pois é uma reação à negatividade do outro. O sujeito imunológico rejeita o outro com sua interioridade, *o exclui*, mesmo que exista em quantidade mínima.

A violência da positividade que resulta da superprodução, superdesempenho ou supercomunicação já não é mais "viral". A imunologia não assegura mais nenhum acesso a ela. A rejeição frente ao excesso de positividade não apresenta nenhuma *defesa imunológica*, mas uma *ab-reação neuronal-digestiva,* uma rejeição. Tampouco o esgotamento, a exaustão e o sufocamento frente à *demasia* são reações imunológicas. Todas essas são manifestações de uma violência *neuronal*, que não é viral, uma vez que não podem ser reduzidas à negatividade imunológica. Assim, a teoria da violência de Baudrillard está perpassada de refutações argumentativas, porque busca descrever imunologicamente a violência da positividade ou do igual, do qual não participa nenhuma alteridade. Assim, ele escreve:

> É uma violência viral, aquela da rede e do virtual. Uma violência da aniquilação suave, uma violência genética e de comunicação; uma violência do consenso [...]. Essa violência é viral no sentido de não operar diretamente, através de infecção, reação em cadeia e eliminação de todas as imunidades. Também no sentido de que atua em contraposição à violência negativa e histórica através de um excesso de positividade, precisamente como células cancerígenas, através de uma proliferação infinita, excrescência e metástase. Há um parentesco secreto entre virtualidade e viralidade[6].

De acordo com a genealogia da inimizade de Baudrillard, o inimigo aparece num primeiro estágio como lobo. Ele é um "inimigo exterior que ataca e, contra o qual, nos defendemos, construindo fortificações e muros"[7]. No próximo estágio, o inimigo toma a forma de um rato. É um inimigo que atua nos subterrâneos, que se combate através da higiene. Num estágio seguinte, o estágio do besouro, finalmente o inimigo toma a forma viral: "O quarto estágio toma a forma dos vírus, esses se movem prati-

---

6. *Ibid.*, p. 54.

7. BAUDRILLARD, J. *Der Geist des Terrorismus*. Viena, 2002, p. 85.

camente na quarta dimensão. É mais difícil defender-se do vírus, pois estão localizados no coração do sistema"[8]. Surge um "inimigo fantasma, que se estende sobre todo planeta, como um vírus, que em geral se infiltra e penetra em todas as fendas do poder"[9]. A violência viral parte daquelas singularidades que se instalam no sistema como células potenciais terroristas e buscam minar o sistema a partir do interior. Baudrillard apresenta o terrorismo como a principal figura da violência viral, em consequência de uma revolta do singular frente ao global.

Mesmo em forma viral, a inimizade segue o esquema imunológico. O vírus inimigo penetra no sistema, que funciona como um sistema imunológico e repele o invasor viral. Todavia a genealogia da inimizade não coincide com a genealogia da violência. A violência da positividade não pressupõe nenhuma inimizade. Desenvolve-se precisamente numa sociedade permissiva e pacificada. Por isso ela é mais invisível que uma violência viral. Habita o espaço livre de negatividade do igual, onde não se dá nenhuma polarização entre inimigo e amigo, interior e exterior ou entre próprio e estranho.

A positivação do mundo faz surgir novas formas de violência. Essas não partem do outro imunológico. Ao

---

8. *Ibid.*, p. 86.

9. *Ibid.*, p. 20.

contrário, elas são imanentes ao sistema. Precisamente em virtude de sua imanência, não evocam a defesa imunológica. Aquela violência neuronal que leva ao infarto psíquico é um *terror da imanência*. Esse se distingue radicalmente daquele horror que procede do *estranho* no sentido imunológico. A Medusa é quiçá o outro imunológico em sua forma extrema. Constitui uma alteridade radical, que nem sequer se pode olhar sem sucumbir. Assim, a violência neuronal, ao contrário, escapa a toda ótica imunológica, pois não tem negatividade. A violência da positividade não é privativa, mas saturante; não excludente, mas exaustiva. Por isso é inacessível a uma percepção direta.

A violência viral, que continua seguindo o esquema imunológico de interior e exterior ou de próprio e outro e pressupõe uma singularidade ou alteridade hostil ao sistema, não está mais em condições de descrever enfermidades neuronais como depressão, TDAH ou SB. A violência neuronal não parte mais de uma negatividade estranha ao sistema. É antes uma violência *sistêmica*, isto é, uma violência imanente ao sistema. Tanto a depressão quanto o TDAH ou a SB apontam para um excesso de positividade. A SB é uma queima do eu por superaquecimento, devido a um *excesso de igual*. O *hiper* da hiperatividade não é uma categoria imunológica. Representa apenas uma *massificação do positivo*.

ALÉM DA **SOCIEDADE** DISCIPLINAR

2 ALÉM DA SOCIEDADE DISCIPLINAR

A sociedade disciplinar de Foucault, feita de hospitais, asilos, presídios, quartéis e fábricas, não é mais a sociedade de hoje. Em seu lugar, há muito tempo, entrou uma outra sociedade, a saber, uma sociedade de academias de *fitness*, prédios de escritórios, bancos, aeroportos, *shopping centers* e laboratórios de genética. A sociedade do século XXI não é mais a sociedade disciplinar, mas uma sociedade de desempenho. Também seus habitantes não se chamam mais "sujeitos da obediência", mas sujeitos de desempenho e produção. São empresários de si mesmos. Nesse sentido, aqueles muros das instituições disciplinares, que delimitam os espaços entre o normal e o anormal, se tornaram arcaicos. A analítica do poder de Foucault não pode descrever as modificações psíquicas e topológicas que se realizaram com a mudança da sociedade disciplinar para a sociedade do desempenho. Também aquele conceito da "sociedade de controle" não dá mais conta de explicar aquela mudança. Ele contém sempre ainda muita negatividade.

A sociedade disciplinar é uma sociedade da negatividade. É determinada pela negatividade da proibição. O verbo modal negativo que a domina é o não-ter-o-direito. Também ao dever inere uma negatividade, a negatividade da coerção. A sociedade de desempenho vai se desvinculando cada vez mais da negatividade. Justamente a desregulamentação crescente vai abolindo-a. O *poder* ilimitado é o verbo modal positivo da sociedade de desempenho. O plural coletivo da afirmação *Yes, we can* expressa precisamente o caráter de positividade da sociedade de desempenho. No lugar de proibição, mandamento ou lei, entram projeto, iniciativa e motivação. A sociedade disciplinar ainda está dominada pelo *não*. Sua negatividade gera loucos e delinquentes. A sociedade do desempenho, ao contrário, produz depressivos e fracassados.

A mudança de paradigma da sociedade disciplinar para a sociedade de desempenho aponta para a continuidade de um nível. Já habita, naturalmente, o *inconsciente social*, o desejo de maximizar a produção. A partir de determinado ponto da produtividade, a técnica disciplinar ou o esquema negativo da proibição se choca rapidamente com seus limites. Para elevar a produtividade, o paradigma da disciplina é substituído pelo paradigma do desempenho ou pelo esquema positivo do poder, pois a partir de um determinado nível de produtividade, a ne-

2 – Além da sociedade disciplinar

gatividade da proibição tem um efeito de bloqueio, impedindo um maior crescimento. A positividade do poder é bem mais eficiente do que a negatividade do dever. Assim o inconsciente social do dever troca de registro para o registro do poder. O sujeito de desempenho é mais rápido e mais produtivo que o sujeito da obediência. O poder, porém, não cancela o dever. O sujeito de desempenho continua disciplinado. Ele tem atrás de si o estágio disciplinar. O poder eleva o nível de produtividade que é intencionado através da técnica disciplinar, o imperativo do dever. Mas em relação à elevação da produtividade não há qualquer ruptura; há apenas continuidade.

Alain Ehrenberg localiza a depressão na passagem da sociedade disciplinar para a sociedade de desempenho:

> A carreira da depressão começa no instante em que o modelo disciplinar de controle comportamental, que, autoritária e proibitivamente, estabeleceu seu papel às classes sociais e aos dois gêneros, foi abolido em favor de uma norma que incita cada um à iniciativa pessoal: em que cada um se comprometa a tornar-se ele mesmo. [...] O depressivo não está cheio, no limite, mas está esgotado pelo esforço de ter de ser ele mesmo[10].

---

10. EHRENBERG, A. *Das erschöpfte Selbst* – Depression und Gesellschaft in der Gegenwart. Frankfurt a.M., 2008, p. 14s.

Problematicamente, Alain Ehrenberg aborda a depressão apenas a partir da perspectiva da economia do si-mesmo. O que nos torna depressivos seria o imperativo de obedecer apenas a nós mesmos. Para ele, a depressão é a expressão patológica do fracasso do homem pós-moderno em ser ele mesmo. Mas pertence também à depressão, precisamente, a carência de vínculos, característica para a crescente fragmentação e atomização do social. Esse aspecto da depressão não aparece na análise de Ehrenberg. Ele passa por alto também a violência *sistêmica* inerente à sociedade de desempenho, que produz *infartos psíquicos*. O que causa a depressão do esgotamento não é o imperativo de obedecer apenas a si mesmo, mas a *pressão de desempenho*. Visto a partir daqui, a síndrome de *burnout* não expressa o *si-mesmo* esgotado, mas antes a alma consumida. Segundo Ehrenberg, a depressão se expande ali onde os mandatos e as proibições da sociedade disciplinar dão lugar à responsabilidade própria e à iniciativa. O que torna doente, na realidade, não é o excesso de responsabilidade e iniciativa, mas o imperativo do desempenho como um novo *mandato* da sociedade pós-moderna do trabalho.

Alain Ehrenberg equipara equivocadamente o tipo humano da atualidade com o homem soberano nietzscheano:

> O homem soberano, igual a si mesmo, e cuja
> vinda Nietzsche anunciou, está prestes a tor-
> nar-se realidade *en masse*. Nada há acima dele
> que lhe possa dizer quem ele deve ser, pois ele
> dá mostras de obedecer apenas a si mesmo[11].

Precisamente Nietzsche diria que aquele tipo humano está em vias de tornar-se realidade *en masse*; soberano
não é o super-homem, mas o último homem, que apenas ainda *trabalha*[12]. Essa soberania está precisamente
ausente daquele novo tipo humano, exposto e entregue
indefeso ao excesso de positividade. O homem depressivo é aquele *animal laborans* que explora a si mesmo e,
quiçá deliberadamente, sem qualquer coação estranha.
É agressor e vítima ao mesmo tempo. O *si-mesmo* em
sentido enfático é ainda uma categoria imunológica.
Mas a depressão se esquiva de todo e qualquer esquema imunológico. Ela irrompe no momento em que o
sujeito de desempenho não pode mais *poder*. Ela é de
princípio um *cansaço de fazer e de poder*. A lamúria do
indivíduo depressivo de que *nada é possível* só se torna
possível numa sociedade que crê que *nada é impossível*.

---

11. *Ibid.*, p. 155.

12. O último homem de Nietzsche eleva a saúde à categoria de uma
deusa: "louvamos a saúde – 'nós encontramos a felicidade' – dizem os
últimos homens e piscam os olhos" (*Also sprach Zarathustra* – Kritische
Gesamtausgabe, 5ª seção, vol. 1, p. 14).

Não-mais-poder-poder leva a uma autoacusação destrutiva e a uma autoagressão. O sujeito de desempenho encontra-se em guerra consigo mesmo. O depressivo é o inválido dessa guerra internalizada. A depressão é o adoecimento de uma sociedade que sofre sob o excesso de positividade. Reflete aquela humanidade que está em guerra consigo mesma.

O sujeito de desempenho está livre da instância externa de domínio que o obriga a trabalhar ou que poderia explorá-lo. É senhor e soberano de si mesmo. Assim, não está submisso a ninguém ou está submisso apenas a si mesmo. É nisso que ele se distingue do sujeito de obediência. A queda da instância dominadora não leva à liberdade. Ao contrário, faz com que liberdade e coação coincidam. Assim, o sujeito de desempenho se entrega à *liberdade coercitiva* ou à *livre coerção* de maximizar o desempenho[13]. O excesso de trabalho e desempenho agudiza-se numa autoexploração. Essa é mais eficiente que uma exploração do outro, pois caminha de mãos dadas com o sentimento de liberdade. O explorador é ao mesmo tempo o explorado. Agressor e vítima não

---

13. Em seu sentido verdadeiro, a liberdade está ligada com a negatividade. É sempre uma liberdade da coação que provém do outro imunológico. Onde a negatividade cede lugar ao excesso de positividade, desaparece também a ênfase da liberdade, que surge dialeticamente à negação da negação.

podem mais ser distinguidos. Essa autorreferencialidade gera uma liberdade paradoxal que, em virtude das estruturas coercitivas que lhe são inerentes, se transforma em violência. Os adoecimentos psíquicos da sociedade de desempenho são precisamente as manifestações patológicas dessa liberdade paradoxal.

O TÉDIO
PROFUNDO

3 O TÉDIO PROFUNDO

O excesso de positividade se manifesta também como excesso de estímulos, informações e impulsos. Modifica radicalmente a estrutura e economia da atenção. Com isso se fragmenta e destrói a atenção. Também a crescente sobrecarga de trabalho torna necessária uma técnica específica relacionada ao tempo e à atenção, que tem efeitos novamente na estrutura da atenção. A técnica temporal e de atenção *multitasking* (multitarefa) não representa nenhum progresso civilizatório. A multitarefa não é uma capacidade para a qual só seria capaz o homem na sociedade trabalhista e de informação pós-moderna. Trata-se antes de um retrocesso. A multitarefa está amplamente disseminada entre os animais em estado selvagem. Trata-se de uma técnica de atenção, indispensável para sobreviver na vida selvagem.

Um animal ocupado no exercício da mastigação de sua comida tem de ocupar-se ao mesmo tempo também com outras atividades. Deve cuidar para que, ao comer, ele próprio não acabe comido. Ao mesmo tempo tem de vigiar sua prole e manter o olho em seu(sua) parceiro(a). Na vida selvagem, o animal está obrigado a dividir sua atenção em diversas atividades. Por isso, não é capaz de aprofundamento contemplativo – nem no comer nem no copular. O animal não pode mergulhar contemplativamente no que tem diante de si, pois tem de elaborar ao mesmo tempo o que tem atrás de si. Não apenas a multitarefa, mas também atividades como jogos de computador geram uma atenção ampla, mas rasa, que se assemelha à atenção de um animal selvagem. As mais recentes evoluções sociais e a mudança de estrutura da atenção aproximam cada vez mais a sociedade humana da vida selvagem. Entrementes, o assédio moral, por exemplo, alcança uma desproporção pandêmica. A preocupação pelo bem-viver, à qual faz parte também uma convivência bem-sucedida, cede lugar cada vez mais à preocupação por sobreviver.

3 – O tédio profundo

Os desempenhos culturais da humanidade, dos quais faz parte também a filosofia, devem-se a uma atenção profunda, contemplativa. A cultura pressupõe um ambiente onde seja possível uma atenção profunda. Essa atenção profunda é cada vez mais deslocada por uma forma de atenção bem distinta, a hiperatenção (*hyperattention*). Essa atenção dispersa se caracteriza por uma rápida mudança de foco entre diversas atividades, fontes informativas e processos. E visto que ele tem uma tolerância bem pequena para o tédio, também não admite aquele tédio profundo que não deixa de ser importante para um processo criativo. Walter Benjamin chama a esse tédio profundo de um "pássaro onírico, que choca o ovo da experiência"[14]. Se o sono perfaz o ponto alto do descanso físico, o tédio profundo constitui o ponto alto do descanso espiritual. Pura inquietação não gera nada de novo. Reproduz e acelera o já existente. Benjamin lamenta que esse ninho de descanso e de repouso do pássaro onírico está desaparecendo cada vez mais na modernidade. Não se "tece mais e não se fia". O tédio seria um "pano cinza quente, forrado por dentro com o mais incandescente e o mais

---

14. BENJAMIN, W. *Gesammelte Schriften*. Vol. II /2. Frankfurt a.M., 1977, p. 446.

colorido revestimento de seda que já existiu" e no qual "nos enrolamos quando sonhamos". Nos "arabescos de seu revestimento estaríamos em casa"[15]. Com o desaparecimento do descanso, teriam se perdido os "dons do escutar espreitando" e desapareceria a "comunidade dos espreitadores". Nossa comunidade ativa é diametralmente oposta àquela. O "dom de escutar espreitando" radica-se precisamente na capacidade para a atenção profunda, contemplativa, à qual o ego hiperativo não tem acesso. Quem se entedia no andar e não tolera estar entediado ficará andando a esmo inquieto, irá se debater ou se afundará nesta ou naquela atividade. Mas quem é tolerante com o tédio, depois de um tempo irá reconhecer que possivelmente é o próprio andar que o entedia. Assim, ele será impulsionado a procurar um movimento totalmente novo. O correr ou o cavalgar não é um modo de andar novo. É um andar acelerado. A dança, por exemplo, ou balançar-se, representa um movimento totalmente distinto. Só o homem pode dançar. Possivelmente no andar é tomado por um profundo tédio, de tal modo que por essa crise o tédio transponha o passo do correr para o passo da dança.

---

15. BENJAMIN. *Passagen-Werk* – Gesammelte Schriften. Vol. V/1. Frankfurt a.M., 1982, p. 161.

Comparada com o andar linear, reto, a dança, com seus movimentos revoluteantes, é um luxo que foge totalmente do princípio do desempenho.

Com o título *Vita contemplativa* não deveria ser reconjurado aquele mundo em que esta estava alocada originariamente. Ela está ligada com aquela experiência de ser, segundo a qual o belo e o perfeito é imutável e imperecível e se retrai a todo e qualquer lançar mão humano. Seu humor de fundo é o *espanto* a respeito do *ser-assim* das coisas, afastado de toda e qualquer exequibilidade e processualidade. A *dúvida* moderna cartesiana dissolve o *espanto*. A capacidade contemplativa não está necessariamente ligada ao *ser* imperecível. Justamente o oscilante, o inaparente ou o fugidio só se abrem a uma atenção profunda, contemplativa[16]. Só o demorar-se contemplativo tem acesso também ao longo fôlego, ao lento. Formas ou estados de duração escapam à hiperatividade. Paul Cézanne, esse mestre da atenção profunda, contemplativa, observou certa vez que podia *ver* inclusive o perfume das coisas. Essa visualização do perfume exi-

---

16. Assim escreve Merleau-Ponty: "Nós esquecemos constantemente os fenômenos fluentes e multissignificativos e por entremeio destes nos entregamos imediatamente às coisas que são por estes apresentadas" (*Das Auge und der Geist* – Philosophische Essays. Hamburgo, 1984, p. 16).

ge uma atenção profunda. No estado contemplativo, de certo modo, saímos de nós mesmos, mergulhando nas coisas. Merleau-Ponty descreve a consideração contemplativa da paisagem como uma alienação ou desinteriorização:

> De princípio ele tentou ganhar claridade sobre as camadas geológicas. Depois não se moveu mais do lugar e apenas olhava, até que, como dizia Madame Cézanne, os olhos lhe saltassem da cabeça. [...] A paisagem, dizia ele, pensa-se em mim, eu sou sua consciência[17].

É só a atenção profunda que interliga a "instabilidade dos olhos" gerando o *recolhimento*, que está em condições de "delimitar as mãos errantes da natureza". Sem esse recolhimento contemplativo, o olhar perambula inquieto de cá para lá e não traz nada a se manifestar. Mas a arte é uma "ação expressiva". O próprio Nietzsche, que substituiu o *ser* pela vontade, sabe que a vida humana finda numa hiperatividade mortal se dela for expulso todo elemento contemplativo:

---

17. *Ibid.*, p. 15.

Por falta de repouso, nossa civilização caminha para uma nova barbárie. Em nenhuma outra época os ativos, isto é, os inquietos, valeram tanto. Assim, pertence às correções necessárias a serem tomadas quanto ao caráter da humanidade fortalecer em grande medida o elemento contemplativo[18].

---

18. NIETZSCHE, F. *Menschliches, Allzumenschliches* I – Kritische Gesamtausgabe, 4ª seção, vol. 2. Berlim, 1967, p. 236.

VITA
ACTIVA

4 VITA ACTIVA

Em seu escrito *Vita activa*, Hannah Arendt procura reabilitar a vida ativa contra o primado tradicional da vida contemplativa, rearticulando-a em seu múltiplo desdobramento interno. Em sua opinião, a *vita activa* foi degradada de forma injusta na tradição à mera agitação, *nec-otium* ou *a-scholia*[19]. Ela estabelece uma ligação de sua nova definição da *vita activa* com o primado da ação. Ali, como seu mestre Heidegger, ela se dedica a abordar

---

19. Em contraposição à concepção de Arendt, também na tradição cristã não se preza primariamente uma prevalência unilateral da *vita contemplativa*. Ao contrário, postula-se uma mediação entre *vita activa* e *vita contemplativa*. Assim escreve também São Gregório: "Temos de saber: quando exigimos um bom programa de vida, que passe da *vita activa* para a *vita contemplativa*, então, muitas vezes, é útil se a alma retorna da vida contemplativa para a ativa, de tal modo que a chama da contemplação que se acendeu no coração transmita toda sua perfeição à atividade. Assim, a vida ativa deve levar-nos à contemplação, mas a contemplaçao, partindo daquilo que contemplamos interiormente, deve reconduzir-nos para a atividade" (*apud* HAAS, A.M. "Die Beurteilung der Vita contemplativa und activa in der Dominikanermystik des 14. Jahrhunderts". *In*: VICKERS, B. (org.). *Arbeit Musse Meditation*. Zurique, 1985, p. 109-131; aqui p. 113).

o ativismo heroico. Porém, primeiro Heidegger pautou o agir decisivo no tema da morte. A possibilidade da morte impõe limites ao agir e torna a liberdade finita. Hannah Arendt, ao contrário, orienta a possibilidade da ação no nascimento, o que concede ao agir uma ênfase mais heroica. O milagre consistiria no próprio nascimento do homem e no novo começo; em virtude de seu caráter nascivo, os homens deveriam realizar esse novo começo pela ação. Em lugar da fé, que opera milagres, entra a ação. É ação heroica que cria milagres; a ação humana se vê comprometida a isso por seu nascimento. Assim, a ação contém uma dimensão quase religiosa:

> o milagre consiste no fato de os seres humanos pura e simplesmente nascerem, e junto com esses, dar-se o novo começo que eles podem realizar pela ação em virtude de seu ser-nascido. [...] O fato de termos confiança no mundo e o fato de podermos ter esperança para o mundo talvez em parte alguma tenha sido expresso de forma tão lapidar e bela como nas palavras onde os oratórios natalinos anunciam a "Boa-nova": "Nasceu-nos um menino"[20].

Segundo Arendt, a sociedade moderna, enquanto sociedade do trabalho, aniquila toda possibilidade de agir, degradando o homem a um *animal laborans* – um animal

---

20. ARENDT, H. *Vita activa oder Vom tätigen Leben*. Munique, 1981, p. 317.

trabalhador. O agir ocasiona ativamente novos processos. O homem moderno, ao contrário, estaria passivamente exposto ao processo anônimo da vida. Também o pensamento degeneraria em cálculo como função cerebral. Todas as formas de *vita activa*, tanto o produzir quanto o agir, decaem ao patamar do trabalho. Assim, Arendt vê a Modernidade, que começou inicialmente com uma ativação heroica inaudita de todas as capacidades humanas, findar numa passividade mortal.

A explicação de Arendt para o triunfo do *animal laborans* não resiste a um teste comprobatório nas recentes evoluções sociais. Ela afirma que a vida do indivíduo na Modernidade estaria "totalmente mergulhada na corrente do processo de vida que domina a geração" e que a única decisão individual ativa consistiria apenas ainda em "como que soltar-se, renunciar à sua individualidade", para poder "funcionar" melhor[21]. A absolutização do trabalho caminha de mãos dadas com a evolução segundo a qual, "em última instância, a vida da espécie humana se impõe como a única absoluta no surgimento e difusão da sociedade"[22]. Arendt acredita inclusive poder denotar sinais de perigo "de que o homem poderia estar em vias de transformar-se na espécie animal da qual ele parece descender desde

---

21. *Ibid.*, p. 406.

22. *Ibid.*, p. 409.

Darwin"[23]. Ela admite que todas as atividades humanas, basta que sejam observadas a partir de um ponto suficientemente distanciado no universo, não mais apareceriam como atividades, mas como processos biológicos. Assim, por exemplo, para um observador do espaço, a motorização iria se portar como um processo de mutação biológico em cujo decurso o corpo humano, como faz um caracol, se recobre de uma casa de metal, e como fazem as bactérias reagindo aos antibióticos ao se modificarem em espécies mais resistentes[24].

As descrições do *animal laborans* moderno de Arendt não correspondem às observações que podemos fazer na sociedade de desempenho de hoje. O *animal laborans* pós-moderno não abandona sua individualidade ou seu ego para entregar-se pelo trabalho a um processo de vida anônimo da espécie. A sociedade laboral individualizou-se numa sociedade de desempenho e numa sociedade ativa. O *animal laborans* pós-moderno é provido do ego ao ponto de quase dilacerar-se. Ele pode ser tudo, menos ser passivo. Se renunciássemos à sua individualidade fundindo-se completamente no processo da espécie, teríamos pelo menos a serenidade de um animal. Visto com precisão, o *animal laborans* pós-moderno é tudo, menos

---

23. *Ibid.*, p. 411.

24. *Ibid.*

animalesco. É hiperativo e hiperneurótico. Deve-se procurar um outro tipo de resposta à questão que pergunta por que todas as atividades humanas na Pós-modernidade decaem para o nível do trabalho; por que além disso acabam numa agitação tão nervosa.

A perda moderna da fé, que não diz respeito apenas a Deus e ao além, mas à própria realidade, torna a vida humana radicalmente transitória. Jamais foi tão transitória como hoje. Radicalmente transitória não é apenas a vida humana, mas igualmente o mundo como tal. Nada promete duração e subsistência. Frente a essa falta do *Ser* surgem nervosismos e inquietações. A pertença à espécie poderia ajudar o animal que trabalha para ela a alcançar uma serenidade animalesca. Todavia, o eu pós-moderno está totalmente isolado. Também as religiões enquanto técnicas fanáticas, suprimindo o medo da morte e produzindo um sentimento de duração, tornaram-se obsoletas. A desnarrativização (*Entnarrativisierung*) geral do mundo reforça o sentimento de transitoriedade. Desnuda a vida. O próprio trabalho é uma atividade desnuda. O trabalho desnudo é precisamente a atividade que corresponde à vida desnuda. O trabalho desnudo e a vida desnuda condicionam-se mutuamente. Em virtude da falta de técnicas narrativas de morte surge a coação de conservar a vida desnuda incondicionalmente sadia. O próprio Nietzsche dissera que após a morte de Deus a saúde se erige como uma deusa. Se houvesse um horizonte de sentido que se eleva acima da vida desnuda, a saúde não poderia ser absolutizada nessas proporções.

Mais desnuda que a vida do *homo sacer* é a vida hoje. *Homo sacer* é originalmente alguém que foi excluído da sociedade em virtude de um delito. Ele pode ser morto, sem que o autor seja penalizado por isso. Segundo Agamben, o *homo sacer* representa uma vida absolutamente passível de ser morta. Ele descreve como *homines sacri* também os judeus nos campos de concentração, os prisioneiros de Guantânamo, os que não têm documentos, os que pedem asilo, que aguardam em um local neutro para sua deportação ou também os doentes em estágio terminal das UTIs, que apenas ainda vegetam presos aos seus tubos. Se a sociedade pós-moderna do desempenho reduz a *todos* nós como vida desnuda, então não apenas as pessoas que estão à margem da sociedade ou as pessoas em situações excepcionais, portanto não apenas os excluídos, mas todos nós, indistintamente, somos *homines sacri*. Todavia, eles têm a especificidade de não serem absolutamente passíveis de serem mortos, mas de serem absolutamente não passíveis de serem mortos. São como que *mortos-vivos*. Aqui, a palavra *sacer* não significa "amaldiçoado", mas "sagrado". Ora, a própria vida desnuda, despida é sagrada, de modo que deve ser conservada a qualquer preço.

Precisamente frente à vida desnuda, que acabou se tornando radicalmente transitória, reagimos com hiperatividade, com a histeria do trabalho e da produção. Também o aceleramento de hoje tem muito a ver com a carência de ser. A sociedade do trabalho e a sociedade do desempenho não são uma sociedade livre.

Elas geram novas coerções. A dialética de senhor e escravo está, não em última instância, para aquela sociedade em que cada um é livre e que seria capaz também de ter tempo livre para o lazer. Leva ao contrário a uma sociedade do trabalho, na qual o próprio senhor se transformou num escravo do trabalho. Nessa sociedade coercitiva, cada um carrega consigo seu campo de trabalho. A especificidade desse campo de trabalho é que somos ao mesmo tempo prisioneiro e vigia, vítima e agressor. Assim, acabamos explorando a nós mesmos. Com isso, a exploração é possível mesmo sem senhorio. Pessoas que sofrem com a depressão, com o TPL ou SB desenvolvem sintomas iguais aos que apresentavam também aqueles muçulmano[25] nos campos de concentração. Os muçulmanos são prisioneiros fracos e consumidos, que se tornaram completamente apáticos com a depressão aguda e que nem

---

25. Muçulmano era o apelido pejorativo dado àqueles prisioneiros dos campos de concentração, na II Guerra Mundial, que, em função de sua debilidade física e mental, não passavam de "esqueletos ambulantes" [N.T.].

sequer conseguem ainda distinguir entre o frio físico e o comando do guarda. Não podemos nos isentar da suspeita de que o *animal laborans* pós-moderno, com seus transtornos neuronais, seria também um muçulmano, com a diferença, porém, de que, diversamente do muçulmano, está bem-nutrido e, não raras vezes, bastante obeso.

O último capítulo da *Vita activa* de Hannah Arendt trata do triunfo do *animal laborans*. Frente a essa evolução social, Arendt não oferece nenhuma alternativa efetiva. Apenas constata, resignada, que a capacidade de agir fica restrita a poucos. Depois, nas últimas páginas de seu livro, ela conjura diretamente o pensar. O pensamento seria o que menos prejuízos teve daquela evolução social negativa. Embora o futuro do mundo não dependa do pensamento, mas do poder das pessoas que agem, o pensamento não seria irrelevante para o futuro das pessoas, pois, dentre as atividades da *vita activa*, o pensamento seria a mais ativa atividade, superando todas as outras atividades quanto à pura atuação. Assim, ela encerra seu livro com as seguintes palavras:

> Aqueles que estão familiarizados com a experiência do pensamento dificilmente deixarão de concordar com o provérbio de Cato [...]: "Jamais se é tão ativo como quando, visto do exterior, aparentemente nada se faz, jamais se está menos só do que quando se está só na solidão consigo mesmo".

Essas frases conclusivas soam como um auxílio emergencial. O que poderá erigir aquele puro pensamento em que se pronuncia "de forma a mais pura" a "experiência do ser-ativo"? Justo a ênfase no ser-ativo tem muito em comum com a hiperatividade e a histeria do sujeito de desempenho pós-moderno. Também esse provérbio de Cato, com o qual Arendt encerra seu livro, está um tanto deslocado, pois em seu tratado *De re publica*, Cícero reporta-se originalmente a ele. Na passagem mencionada por Arendt, Cícero interpela seus leitores a afastar-se do "fórum" e do "burburinho da multidão" e retirar-se para a solidão de uma vida contemplativa. Assim, logo após ter citado a Cato, ele louva propriamente a vida contemplativa. Não a vida ativa, mas só a vida contemplativa é que torna o homem naquilo que ele deve ser. A partir daí, Arendt quer louvar a *vita activa*. Também aquela solidão da vida contemplativa não se coaduna, sem mais, com o "poder do homem ativo", conjurado sempre de novo por Arendt. Por volta do final de seu tratado *Vita activa*, sem querer, Arendt acaba falando a linguagem da vida contemplativa. Ela não consegue ver que precisamente a perda da capacidade contemplativa, que não por último depende da absolutização da *vita activa*, é corresponsável pela histeria e nervosismo da sociedade ativa moderna.

PEDAGOGIA
DO VER

5 PEDAGOGIA DO VER

A *vita contemplativa* pressupõe uma pedagogia específica do ver. No *Crepúsculo dos ídolos*, Nietzsche formula três tarefas, em vista das quais a gente precisa de educadores. Devemos aprender a *ler*, devemos aprender a *pensar*, devemos aprender a *falar* e a *escrever*. A meta desse aprendizado seria, segundo Nietzsche, a "cultura distinta". Aprender a *ver* significa "habituar o olho ao descanso, à paciência, ao deixar-aproximar-se-de-si", isto é, capacitar o olho a uma atenção profunda e contemplativa, a um olhar demorado e lento. Esse aprender-a-ver seria a "*primeira* pré-escolarização para o caráter do espírito" (*Geistigkeit*). Temos de aprender a "*não reagir imediatamente* a um estímulo, mas tomar o controle dos instintos inibitórios, limitativos". A falta de espírito, falta de cultura repousaria na "incapacidade de oferecer resistência a um estímulo". Reagir de imediato e seguir a todo e qualquer impulso já seria uma doença, uma decadência, um sintoma de esgotamento. Aqui, Nietzsche nada mais propõe que a revitalização da *vita contemplativa*. Essa vida não é um abrir-se passivo que diz *sim* a tudo que advém e acontece. Ao contrário, ela oferece resistência aos estímulos opressivos, intrusivos. Em vez de expor o olhar aos impulsos exteriores, ela os dirige soberanamente. Enquanto um fazer soberano, que sabe dizer *não*, é mais ativa que qualquer hiperatividade, que é precisamente um sintoma de esgotamento espiritual. A dialética do ser-ativo que escapa a Arendt consiste no fato de que a agudização hiperativa da atividade faz com que essa se converta numa hiperpassividade, na qual se dá anuência irresistivelmente a todo e qualquer impulso e estímulo. Em vez de liberdade, ela acaba gerando novas coerções. É uma ilusão acreditar que quanto mais ativos nos tornamos tanto mais livres seríamos.

Sem aqueles "instintos limitativos", o agir se deteriora numa reação e ab-reação inquieta e hiperativa. A atividade pura nada mais faz do que prolongar o que já existe. Uma virada real para o outro pressupõe a negatividade da interrupção. Só por meio da negatividade do parar interiormente, o sujeito de ação pode dimensionar todo o espaço da contingência que escapa a uma mera atividade. É bem verdade que o hesitar não representa uma ação positiva, mas é indispensável para que a ação não decaia para o nível do trabalho. Hoje, vivemos num mundo muito pobre de interrupções, pobre de entremeios e tempos intermédios. No aforismo "A principal carência do homem ativo", escreve Nietzsche: "Aos ativos falta usualmente a atividade superior [...] e nesse sentido eles são preguiçosos. [...] Os ativos rolam como rola a pedra, segundo a estupidez da mecânica"[26]. Há diversos tipos de atividade. A atividade que segue a estupidez da mecânica é pobre em interrupções. A máquina não pode fazer pausas. Apesar de todo o seu desempenho computacional, o computador é burro, na medida em que lhe falta a capacidade para hesitar. No empuxo da aceleração geral e da hiperatividade desaprendemos também a ira. A ira tem uma temporalidade bem específica, que não se coaduna com a aceleração geral e com a hiperatividade. Essa não admite nenhuma folga temporal. O futuro se encurta numa atualidade prolongada. Falta-lhe qualquer negatividade, que permitiria olhar para o outro. A ira, ao contrário, coloca definitivamente em questão o presente. Ela pressupõe uma pausa interruptora no presente. É nisso que ela se distingue da irritação. A dispersão geral que marca a sociedade de hoje

---

26. NIETZSCHE, F. *Menschliches, Allzumenschliches I*– Kritische Gesamtausgabe, 4ª seção, vol. 2. Berlim, 1967, p. 235s.

não permite que surja a ênfase e a energia da ira. A ira é uma capacidade que está em condições de interromper um estado e *fazer com que se inicie um novo estado*. Hoje, cada vez mais ela cede lugar à irritação ou ao enervar-se, que não podem produzir nenhuma mudança decisiva. Assim, irritamo-nos também por causa do inevitável. A irritação está para a ira como o medo está para a angústia. Contrariamente ao medo que se refere a um objeto determinado, a angústia está referida ao *ser como tal*. Ela atinge e abala *toda* a existência. Também a ira não se refere a um único estado de coisas. Ela nega o todo. Nisso consiste sua energia da negatividade. Ela representa um estado de exceção. A crescente positivação do mundo torna-o pobre em estados de exceção. Agamben passa ao largo dessa positividade crescente. Contra seu diagnóstico de que o estado de exceção se estende para um estado de normalidade, a positivação geral da sociedade hoje absorve todo e qualquer estado de exceção. Assim o estado de normalidade torna-se totalitário. Justo a crescente positivação do mundo desperta muita atenção para conceitos como "estado de exceção" ou "imunidade". Porém, essa atenção não é prova de sua atualidade, mas de seu desaparecimento. A crescente positivação da sociedade enfraquece também sentimentos como angústia e luto, que radicam numa negatividade, ou seja, são sentimentos negativos[27]. Se o *pensamento* mesmo fosse uma "rede de anticorpos e de proteção imunológica natural"[28], a ausência da negatividade transformaria o pensamento num *cálculo*. Possivelmente o computador conte de maneira mais rápida que o cérebro humano, e sem repulsa acolhe uma imensidão de dados, porque está livre de toda e qualquer *alteridade*. É uma máquina positiva. Justo por causa de sua autorrelação autista, por causa da falta de natividade, o *idiot savant* gera aqueles desempenhos que só seria capaz de realizar uma máquina computacional. No empuxo daquela positivação geral do mundo, tanto o homem quanto a sociedade se transformam numa *máquina de desempenho autista*. Poderíamos também dizer que precisamente o esforço exagerado por maximizar o desempenho afasta a negatividade, porque esta atrasa o processo de aceleração. Se o homem fosse um *ser da negatividade*, a total positivação do mundo teria um efeito que seria nocivo. Segundo Hegel, é precisamente a negatividade que mantém viva a existência.

---

27. Tanto a "angústia" de Heidegger quanto a "náusea" de Sartre são reações tipicamente imunológicas. O existencialismo é o discurso filosófico de cunho fortemente imunológico. A ênfase da filosofia da existência na liberdade deve sua força à alteridade ou estranheza. Justo essas duas obras principais do século XX indicam que este foi um século imunológico.

28. BAUDRILLARD. *Transparenz des Bösen* – Ein Essay über extreme Phänomene. Berlim, 1992, p. 71.

Há duas formas de potência. A potência positiva é a potência de fazer alguma coisa. A potência negativa, ao contrário, é a potência de não fazer, para falar com Nietzsche; para dizer não. Mas a potência negativa distingue-se da mera impotência, a incapacidade de fazer alguma coisa. A impotência é simplesmente o contrário da potência positiva. Ela é, ela própria, positiva na medida em que está ligada com algo. Ela não é capaz de alguma coisa. A potência negativa supera a positividade, que está presa em alguma coisa. É uma potência de não fazer. Se, desprovidos da potência negativa de não perceber, possuíssemos apenas a potência positiva de perceber algo, a percepção estaria irremediavelmente exposta a todos os estímulos e impulsos insistentes e intrusivos. Então não seria possível haver qualquer "ação do espírito". Se possuíssemos apenas a potência de fazer algo e não tivéssemos a potência de não fazer, incorreríamos numa hiperatividade fatal. Se tivéssemos apenas a potência de pensar algo, o pensamento estaria disperso numa quantidade infinita de objetos. Seria impossível haver *reflexão* (*Nachdenken*), pois a potência positiva, o excesso de positividade, só admite o *continuar pensando* (*Fortdenken*). A negatividade do *não-para* é também um traço essencial da contemplação. Na meditação zen, por exemplo, tenta-se alcançar a negatividade pura do não-para, isto é, o vazio, libertando-se de tudo que aflui e se impõe. Assim é um processo extremamente ativo, e algo bem distinto da passividade. É um exercício para alcançar em si um ponto de soberania, de ser centro. Se possuíssemos apenas a potência positiva, estaríamos, ao contrário, expostos de forma totalmente passiva ao objeto. A hiperatividade é paradoxalmente uma forma extremamente passiva de fazer, que não admite mais nenhuma ação livre. Radica-se numa absolutização unilateral da potência positiva.

O **CASO**
BARTLEBY

6 O **CASO** BARTLEBY

O conto de Melville, "Bartleby", que foi objeto de diversas interpretações metafísicas ou teológicas[29], admite também uma leitura patológica. Essa "história provinda da Wall Street" descreve um universo de trabalho desumano, cujos habitantes, todos eles, são degradados a *animal laborans*. Apresenta-se detalhadamente a atmosfera sombria, hostil do escritório espessamente rodeado de arranha-céus. A menos de três metros ergue-se "alto o muro de tijolos, que se tornou preto por causa da idade e por estar sempre à sombra". Ao ambiente de trabalho, que parece uma caixa de água, falta todo e qualquer traço de "vida" (*deficiente in what landscape painters call "life"*)[30]. A melancolia e o mau-humor, de que se fala constantemente no relato, formam a atmosfera fundamental da narrativa.

---

29. Assim escreve Deleuze: "Mesmo enquanto catatônico e anoréxico, Bartleby não é o doente, mas o médico da América enferma, o homem da medicina, o novo Cristo ou irmão de todos nós" (*Bartleby oder die Formel*. Berlim, 1994, p. 60).

30. (deficiente naquilo que pintores de paisagens chamam de "vida").

Os auxiliares do advogado sofrem todos eles de distúrbios neuróticos. "Turkey", por exemplo, é acometido por uma azáfama estranha, inflamada, confusa e sem rumo (*a strange, inflamed, flurried, lighty recklessness of activity*)[31]. O auxiliar "Nippers", exageradamente ambicioso, é atormentado por um distúrbio intestinal psicossomático. Durante o trabalho ele range os dentes e está constantemente xingando. Com sua superatividade e excitação neurótica, eles formam um polo oposto a Bartleby, que se cala e fica como que petrificado. Bartleby desenvolve sintomas característicos da neurastenia. Vista dessa forma, a sua fórmula *I would prefer not to*[32] não expressa nem a potência negativa do não-para nem o instinto inibitório que seria essencial para o "caráter espiritual" (*Geistigkeit*). Representa, ao contrário, a falta de iniciativa e a apatia pela qual Bartleby acaba inclusive sucumbindo.

A sociedade descrita por Melville é ainda uma sociedade disciplinar. Assim, todo relato está perpassado de muros e paredes, elementos de uma arquitetura da sociedade disciplinar. "Bartleby" é propriamente uma "história de *Wall* street". *Muro* (*wall*) é uma das palavras mais empregadas. Muitas vezes fala-se de *Dead wall*[33]: *The*

---

31. (uma atividade estranha, inflamada, agitada e levemente imprudente).

32. Eu preferiria não.

33. parede-cega.

next day I noticed that Bartleby did nothing but stand at his window in his dead wall revery[34]. O próprio Bartleby trabalha atrás de uma parede divisória e olha totalmente distraído para uma *dead brick wall*[35]. O muro sempre vem associado com a morte[36]. Não por último o tema recorrente da prisão com fortes muralhas, que Melville chama de túmulos, se aplica também para a sociedade disciplinar. Ali, toda vida foi apagada. Também Bartleby instala-se nos *tombs*[37] e morre em total isolamento e solidão. Ele representa ainda um sujeito de obediência. Ele ainda não desenvolve sintomas daquela depressão que é uma marca característica da sociedade do desempenho pós-moderna. Os sentimentos de insuficiência e de inferioridade ou de angústia frente ao fracasso ainda não fazem parte da economia dos sentimentos de Bartleby. Ele não conhece autoacusações e autoagressões constantes. Ele não se vê confrontado com aquele imperativo de ter de ser ele mesmo, que marca a sociedade de desempenho pós-moderna. Bartleby não fracassa no projeto de ser eu. O copiar monótono, a única atividade que ele tem de exe-

---

34. No dia seguinte, notei que Bartleby não fazia nada além de ficar parado em sua janela, imerso em seus devaneios diante da parede-cega.

35. Parede-cega de tijolos.

36. Na tradução vernácula "tabique" (Brandmauer = corta-fogo) ou "parede cega de tijolos" desaparece totalmente o aspecto da morte.

37. Túmulos.

cutar, não lhe deixa espaço livre para – onde fosse necessária ou possível – uma iniciativa própria. O que faz Bartleby adoecer é aquele excesso de positividade ou de possibilidade. Ele não suporta o peso do imperativo pós--moderno, de começar a abandonar o *próprio* eu. Copiar é precisamente a atividade que não admite qualquer iniciativa. Bartleby, que ainda vive na sociedade das convenções e instituições, não conhece aquele exagero de trabalho do eu, que leva a um *cansaço do eu* depressivo.

A interpretação ontoteológica de Bartleby feita por Agamben, que abstrai de todo e qualquer aspecto patológico, já fracassa nos dados da narrativa. Ela tampouco leva em consideração a mudança da estrutura psíquica da atualidade. Problematicamente, Agamben eleva Bartleby a uma figura metafísica de pura potência:

> esta é a constelação filosófica a que pertence Bartleby, o escrivão. Enquanto escriturário que deixou de escrever, ele representa a forma extrema do nada, donde surge toda a criação, e ao mesmo tempo a exigência inexorável desse não, em sua potência pura e absoluta. O escrivão se tornou a escrivaninha, a partir daí ele nada mais é que sua própria folha em branco[38].

---

38. AGAMBEN, G. *Bartleby oder die Kontingenz*. Berlim, 1998, p. 33.

De acordo com isso, Bartleby incorpora o "espírito", o "ser de pura potência", que indica a escrivaninha vazia, na qual ainda nada foi escrito[39].

Bartleby é uma figura sem referência para consigo mesmo ou algo outro. Ele não tem mundo, está ausente e apático. Se ele fosse uma "folha em branco", seria porque está esvaziado de toda referência de mundo e de sentido. Já os olhos cansados e turvos (*dim eyes*) de Bartleby depõem contra a pureza da potência divina, que supostamente ele incorporaria. Pouco convincente é também a afirmação de Agamben de que, com sua recusa teimosa de escrever, Bartleby continua na potência perseverante no *poder*-escrever, que sua recusa radical ao querer anuncia uma *potentia absoluta*. A negação de Bartleby, segundo isso, seria anunciante, *querigmática*. Ele incorpora o puro "ser, sem qualquer predicado". Agamben transforma Bartleby num mensageiro angélico, num anjo da anunciação, que no entanto "não afirma nada de nada"[40]. Mas Agamben ignora que Bartleby rejeita todo "curso do mensageiro" (*errand*)[41]. Assim, ele se nega teimosamente a ir ao correio: *"Bartleby", said I, "Ginger Nut is away;*

---

39. *Ibid.*, p. 13.

40. *Ibid.*, p. 40.

41. (recado).

just step round to the Post Office, won't you?" [...] "I would prefer not to"[42]. Sabe-se que a história se encerra com o pós-relato estranho de que Bartleby teria trabalhado por um tempo como empregado em uma agência de cartas mortas, não entregues (*Dead Letter Office*):

> *Dead letters! Does it not sound like dead men? Conceive a man by nature and misfortune prone to a pallid hopelessness, can any business seem more fitted to heighten it than that of continually handling these dead letters and assorting them for the flames?*[43]

Cheio de dúvidas, clama o advogado: *"On errands of life, these letters speed to death"*[44]. A existência de Bartleby é um ser negativo para a morte. A interpretação ontoteológica de Agamben que eleva Bartleby a anunciador de uma segunda criação, de uma "des-criação", contradiz essa negatividade; essa "des-criação" dissolve as barreiras entre aquilo que foi e aquilo que não foi, entre o ser e o nada.

---

42. "Bartleby", disse eu, "Ginger Nut está ausente; que tal caminharmos até o Correio, você não quer?" [...] "Prefiro não fazer isso".

43. (Departamento de cartas não entregues): "Cartas não entregues! Isso não soa como homens mortos? Imagine um homem por natureza e desventura propenso a uma pálida desesperança. Pode haver algum trabalho mais adequado para encaixá-lo do que o de lidar continuamente com essas cartas não entregues, destinando-as às chamas?"

44. "Nas mensagens da vida, essas cartas correm para a morte."

É bem verdade que, em meio aos *tombs*, Melville deixa surgir uma minúscula semente de vida, mas frente à massiva desesperança, a massiva presença da morte, a pequena mancha de relva (*imprisoned turf*) como que dá ênfase à negatividade do reino dos mortos. Também a palavra de consolo que o advogado dirige ao preso Bartleby soa totalmente inútil: "*Nothing reproachful attaches to you by being here. And see, it is not so sad a place as one might think. Look, there is the sky and here is the grass*"[45]. A isso Bartleby responde não muito impressionado: "*I know where I am*"[46]. Agamben aponta tanto o céu quanto a relva como sinais messiânicos. A pequena mancha de relva como único sinal de vida em meio ao reino dos mortos reforça ainda mais o vazio sem esperança: "*On errands of life, these letters speed to death*"[47] é, quem sabe, a mensagem da narrativa. Todos os esforços em favor da vida levam à morte.

O artista faminto de Kafha, ao contrário, não está carregado com essas ilusões. Sua morte, da qual ninguém se dá conta, dá um grande alívio aos envolvidos, um "desafogo inclusive para os que têm o sentido embotado". Ora, sua morte abre espaço para a jovem pantera,

---

45. "Nada de repreensível é atribuído a você por estar aqui. E veja, não é um lugar tão triste quanto se poderia pensar. Olhe, lá está o céu e aqui está a grama."

46. "Eu sei onde estou."

47. *Idem* nota 44., p.64

que encarna a alegria despretensiosa da vida: "os guardas lhe traziam, sem refletir muito, o alimento que ela mais gostava; parecia-lhe nem sequer ter perdido a liberdade; esse corpo nobre, dotado de tudo que é necessário até quase para dilacerar, parecia trazer consigo ainda a liberdade. Quando mastigava, em parte alguma parecia-lhe que essa desaparecia; e a alegria de viver vinha com tamanho ardor de sua garganta, que não era fácil para os observadores suportá-la. Mas eles se superavam, se acotovelavam ao redor da jaula e de modo algum queriam sair dali". Mas ao artista da fome, ao contrário, é só a negatividade da negação que lhe dá o sentimento da liberdade, que é tão ilusória como aquela liberdade que conserva a pantera "ao mastigar". Também a Bartleby se associa o "Sr. Kotellet", que aparenta ser um pedaço de carne. Ele elogia exageradamente o local, tentando convencer a Bartleby a comer:

> *Hope you find it pleasant here, sir; – spacious grounds – cool apartments, sir – hope you'll stay with us some time – try to make it agreeable. May Mrs. Cutlets and I have the pleasure of your company to dinner, sir, in Mrs. Cutlets' private room?*[48]

---

48. "Espero que o senhor ache agradável aqui; – jardins espaçosos – apartamentos frescos, senhor – espero que fique conosco por algum tempo – tentaremos tornar isso agradável. A Sra. Cutlets e eu teríamos o prazer de sua companhia para o jantar, senhor, no aposento privado da Sra. Cutlets?"

As palavras que o advogado dirige ao assombrado Mr. Kotellet, após a morte de Bartleby, têm um tom quase irônico: *"Eh! – He's asleep, aint he?"* *"With kings and counsellors", murmured I*[49]. A narrativa não se volta na direção de uma esperança messiânica. Com a morte de Bartleby, cai precisamente a "última coluna do templo decaído". Ele sucumbe como um "naufrágio em meio ao Atlântico". A fórmula de Bartleby *"I would prefer not to"* afasta-se de qualquer interpretação messiânico-cristológica. Essa "história provinda da Wall Street" não é uma história da "des-criação" [*Ent-schöpfung*], mas uma história do *esgotamento* [*Erschöpfung*]. Queixa e acusação, juntas, formam a invocação com a qual se encerra a narrativa: "Oh, Bartleby!, Oh, humanidade!"

---

49. "Ele está dormindo, não está?" "Com reis e conselheiros", murmurei eu.

SOCIEDADE DO CANSAÇO

7 SOCIEDADE DO CANSAÇO

> *O cansaço tem*
> *um coração amplo.*
> Maurice Blanchot.

A sociedade do cansaço, enquanto uma sociedade ativa, desdobra-se lentamente numa sociedade do *doping*. Nesse meio tempo, também a expressão negativa "*doping* cerebral" é substituída por "*neuro-enhancement*" (melhoramento cognitivo). O *doping* possibilita de certo modo um desempenho sem desempenho. Todavia, há também cientistas sérios que argumentam que será de certo modo irresponsável não utilizar tais substâncias. Um cirurgião que poderia operar de maneira mais concentrada com ajuda desse *neuro-enhancer* faria menos erros e poderia salvar mais vidas. Também o emprego generalizado de *neuro-enhancer* não representaria nenhum problema. Bastaria observar um critério de justiça – e quiçá colocando o produto à disposição de todos. Se o *doping* fosse permitido também no esporte, decairia para uma concorrência farmacêutica. Só a proibição, porém, não impede aquele desenvolvimento pelo qual não só o corpo, mas também o homem como um todo se transforma numa *máquina de desempenho*, que pode funcionar livre de perturbações e maximizar seu desempenho. O *doping* não passa de uma *consequência* dessa evolução na qual a própria *vitalidade*, que é constituída por um fenômeno bastante complexo, é reduzida a uma função vital e um desempenho vital. Como contraponto, a sociedade do desempenho e a sociedade ativa geram um cansaço e esgotamento excessivos. Esses estados psíquicos são característicos de um mundo que se tornou pobre em negatividade e que é dominado por um excesso de positividade. Não são reações imunológicas que pressuporiam uma negatividade do outro imunológico. Ao contrário, são causadas por um *excesso* de positividade. O excesso da elevação do desempenho leva a um infarto da alma.

O cansaço da sociedade do desempenho é um cansaço solitário, que atua individualizando e isolando. É um cansaço que Handke, em seu *Versuch über die Müdigkeit* (*Ensaio sobre o cansaço*)[50] chama de "cansaço dividido em dois": "ambos afastaram-se inexoravelmente distantes

---

50. HANDKE, P. *Versuch über die Müdigkeit*. Frankfurt a.M., 1992.

um do outro, cada um em seu cansaço extremado, não nosso, mas o meu aqui e o teu lá". Esse cansaço dividido em dois atinge a pessoa "com incapacidade de ver e mudez". Só o eu possui a totalidade do campo de visão: "eu não deveria ter-lhe dito 'estou cansado de ti', nem sequer um simples 'cansado!' (o que, como um clamor comum, poderia ter-nos liberto talvez do inferno individual): esses cansaços consumiram como fogo nossa capacidade de falar, a alma". Eles são violência porque destroem qualquer comunidade, qualquer elemento comum, qualquer proximidade, sim, inclusive a própria linguagem: "Aquele tipo de cansaço, calado, como teria de permanecer, forçava à violência. Essa, talvez, só se manifestava no olhar que desfigurava o outro".

A um cansaço calado, cego, dividido, Handke contrapõe um cansaço falaz, vidente, reconciliador. O cansaço, enquanto um "mais do menos eu" abre um *entre* na medida em que afrouxa as presilhas do eu. Eu não só vejo simplesmente o outro, mas eu próprio sou o outro e "o outro torna-se igualmente eu". O entre é um espaço de amizade como in-diferença, onde "ninguém ou nada 'domina' ou sequer tem o 'predomínio'" No tornar-se-menos do eu, desloca-se o peso do ser do eu para o mundo. É um "cansaço que confia no mundo"; enquanto eu, o cansaço-eu enquanto cansaço solitário, é um cansaço sem mundo, destruidor de mundo. Ele "abre" o eu, torna-o "permeável" para o mundo. Restabelece a "dualidade" que foi totalmente destruída no cansaço solitário. A gente vê e é vista. A gente toca e é tocada: "Um cansaço como tornar-se acessível, sim, como plenificação do ser tocado e mesmo do poder tocar". É o único que possibilita um demorar-se, uma estadia. O menos no eu se expressa como um mais para o mundo: "O cansaço era meu amigo. Eu estava ali de volta, no mundo".

Nesse "cansaço fundamental", Handke reúne todas aquelas formas de existência e de convivência que desaparecem totalmente no empuxo da absolutização do ser ativo. O "cansaço fundamental" é tudo menos um estado de esgotamento no qual estaríamos incapacitados de fazer alguma coisa. É apresentado antes como uma capacidade especial. Ele *inspira*. Faz surgir o *espírito*. A "inspiração do cansaço" equipara-se ali ao *não fazer*:

> "uma ode de Píndaro a um cansado e não a um vencedor! Eu imagino 'cansado' como a sociedade pentecostal recebe o espírito, através do banco. A inspiração do cansaço diz menos o que se deve fazer do que aquilo que pode ser deixado de lado."

O "cansado" habilita o homem para uma serenidade e abandono especial, para um não fazer sereno. Não é um estado onde todos os sentidos estariam extenuados. Desperta, ao contrário, uma visibilidade específica. Assim, Handke fala de um "cansaço translúcido". Permite o acesso a uma atenção totalmente distinta, acesso àquelas formas longas e lentas que escapam à hiperatenção curta e rápida:

> O cansaço articula [...] – a confusão usual ganha ritmo através dele no bem-fazer da forma – forma, até onde alcança a vista

Toda e qualquer *forma* é lenta. Toda e qualquer forma é rodeio. Faz desaparecer a economia da eficiência e da aceleração. Handke erige o cansaço profundo inclusive numa forma de salvação, sim, numa forma de rejuvenescimento. Traz de volta ao mundo a admiração:

> O Odisseu cansado ganhou o amor da Nausícaa. O cansaço torna-te tão jovem como jamais estivestes. [...] Nele, no repouso do cansaço, tudo se torna admirável.

À mão trabalhadora, que agarra, Handke contrapõe a mão lúdica, que já não agarra decididamente:

> Todas as noites aqui em Linares eu ficava olhando para essa infinidade de crianças pequenas que iam ficando cansadas [...]: já não havia mais nenhuma ânsia, não agarravam mais nada nas mãos, apenas um jogo.

O cansaço profundo afrouxa as presilhas da identidade. As coisas pestanejam, cintilam e tremulam em suas margens. Tornam-se mais indeterminadas, mais permeáveis, e perdem certo teor de sua decisibilidade. Essa especial in-diferença concede-lhes uma *aura de amizade*. A rija delimitação frente aos outros é suspensa: "Em tal cansaço fundamental, a coisa jamais aparece apenas para si. Mas sempre junto com outras, e mesmo que possam ser apenas poucas coisas, no fim tudo está junto com tudo". Esse cansaço cria uma amizade profunda e torna pensável uma comunidade que não precisa de pertença nem de parentesco. Homens e coisas mostram-se unidos através de um *e* amistoso. Handke vê essa comunhão singular, essa comunhão de singularidades pintada numa natureza-morta holandesa:

> Para o "tudo em um", eu tenho uma imagem: aquela natureza-morta de flores holandesa do século XVII, onde nos botões de flores, realistas, estão assentados aqui um besouro, ali um caracol, lá uma abelha, acolá uma borboleta, e embora talvez nenhum deles tenha noção da presença do outro, no momento, no meu momento todos estão junto a todos.

O cansaço de Handke não é um cansaço do eu, não é o cansaço do eu esgotado. Ele o chama, antes, "cansaço-nós". Aqui, eu não estou cansado de ti, mas, como diz Handke, "cansado para ti": "Assim, em minha recordação, sentávamos sempre lá fora ao sol da tarde, e fruíamos falando ou calando o cansaço comum [...]. Uma nuvem de cansaço, um cansaço etéreo nos unia então".

O cansaço de esgotamento não é um cansaço da potência positiva. Ele nos incapacita de fazer *qualquer coisa*. O cansaço que inspira é um *cansaço da potência negativa*, a saber, do não-para. Também o Sabah, que originalmente significa *parar*, é um dia do *não-para*, um dia que está livre de todo *para-isso*, para falar com Heidegger, de toda e qualquer cura. Trata-se de um *tempo intermédio*. Depois de terminar sua criação, Deus chamou ao sétimo dia de sagrado. Sagrado, portanto, não é o dia do *para-isso*, mas o dia do *não-para*, um dia no qual seria possível o uso do inútil. É o dia do cansaço. O *tempo intermediário* é um tempo sem trabalho, um tempo lúdico, que se distingue também do tempo heideggeriano, que no essencial é um tempo de cura e de trabalho. Handke descreve esse tempo intermediário como um tempo de paz. O cansaço tem um fator de desarme. No olhar longo e lento do cansado a decisibilidade cede lugar a uma serenidade. O tempo intermediário é um tempo da in-diferença como amizade:

> Conto aqui do cansaço na paz, no tempo intermediário. E naquelas horas vigia a paz [...].
> O espantoso é que ali, na paz momentânea,

o cansaço parecia coatuar, na medida em que seu olhar parecia já amenizar as iniciativas de gestos de violência, de briga ou também apenas de alguma ação hostil? Mitigava?

Handke projeta uma *religião imanente do cansaço*. O "cansaço fundamental" suspende uma individualização egológica, fundando uma comunidade que não precisa de parentesco. Nela desperta um *compasso* especial que leva a um *mútuo acordo*, a uma proximidade, a uma vizinhança sem qualquer vínculo familiar ou funcional: "Um certo alguém cansado como um outro Orfeu, ao redor do qual se reúnem os animais selvagens, que finalmente podem ser cocansados junto com ele. O cansaço dá o compasso ao indivíduo disperso"[51]. Aquela "sociedade pentecostal" que inspira ao *não fazer* se contrapõe à sociedade ativa. Ele a imagina "através do banco cansado". É uma sociedade dos cansados em sentido específico. Se a "sociedade pentecostal" fosse sinônimo de sociedade futura, a sociedade por vir poderia chamar-se então *sociedade do cansaço*.

---

51. Tanto a ética de Kant quanto a de Lévinas têm uma estruturação imuno-lógica. Assim, o sujeito moral kantiano exerce a tolerância, que representa uma categoria genuinamente imunológica. Só se tolera a alteridade. A ética kantiana é uma ética da negatividade, que Hegel leva à perfeição com sua teoria do reconhecimento. Lévinas, ao contrário, coloca na estaca *zero* a tolerância imunológica do eu. Assim, o eu é "exposto" àquela "violência" que parte do outro e coloca o eu radicalmente em questão. A ênfase do totalmente outro concede à ética de Lévinas um cunho imunológico.

ANEXOS

ANEXOS

Sociedade do esgotamento

O aparato psíquico freudiano, dotado de mandamentos e proibições, é um aparato repressivo e impositivo. Está estruturado como uma sociedade disciplinar, composta de hospitais, asilos, presídios, quartéis e fábricas. Por isso, a psicanálise freudiana só pode ser efetiva numa sociedade repressiva, que baseia sua organização na negatividade das proibições. A sociedade de hoje não é primordialmente uma sociedade disciplinar, mas uma sociedade de desempenho, que está cada vez mais se desvinculando da negatividade das proibições e se organizando como sociedade da liberdade. O verbo modal que define a sociedade do desempenho não é o "dever" freudiano, mas o *poder hábil* (Können). Essa mudança social traz consigo uma reestruturação também no interior da psique. O sujeito do desempenho pós-moderno possui uma psique bem diferente da do sujeito obediente, abordado pela psicanálise de Freud. O aparato psíquico de Freud é dominado pelo medo e pela angústia frente à transgressão. Desse modo, o eu se transforma num local de medo e angústia[52]. Mas isso já não se aplica ao sujeito de desempenho da pós-modernidade. Esse é um sujeito da afirmação. Se o inconsciente estivesse necessariamente ligado com a negatividade da negação e da repressão, o sujeito de desempenho neoliberal já não teria inconsciente. Seria um eu pós-freudiano. O inconsciente freudiano não é uma configuração atemporal. É um produto da sociedade disciplinar repressiva, da qual nós estamos nos afastando cada vez mais.

O trabalho prestado pelo ego freudiano consiste sobretudo no cumprimento de um dever. Nisso assemelha-se ao sujeito de obediência kantiano. Em Kant, a consciência moral assume o posto do superego. Seu sujeito moral também está submetido a uma "violência":

> Todo homem tem uma consciência moral e se vê observado, ameaçado por um juiz interno, que o obriga ao respeito (com medo que isso lhe custe alguma advertência); e essa violência que vigia nele para o cumprimento das leis não é algo que ele próprio cria (arbitrariamente), mas está incorporada em seu ser[53].

---

52. FREUD, S. Das Ich und das Es. *In: Das Ich und das Es* – Metapsychologische Schriften. Frankfurt a.M., 1992, p. 294.

53. KANT, I. *Die Metaphysik der Sitten.* Darmstadt, 1983, p. 573 [ed. por W. Weischedel].

Também o sujeito kantiano está dividido em si, como acontece com o sujeito freudiano. Age interpelado por *outro*, que é, porém, parte dele próprio:

> Essa disposição natural intelectual, originária e (por ser uma representação de dever) moral, chamada de consciência moral (Gewissen), tem uma característica especial, a saber, muito embora esse negócio seja um negócio próprio do ser humano consigo mesmo, ele se vê, todavia, obrigado por sua consciência a levá-lo adiante por convocação de uma outra pessoa[54].

Em virtude dessa divisão da pessoa, Kant vai falar de "duplo si-mesmo" ou de "personalidade dupla"[55]. O sujeito moral é ao mesmo tempo o acusado e o juiz.

O sujeito obediente não é um sujeito do prazer, mas um sujeito do dever. Assim, também o sujeito kantiano segue um trabalho de dever, reprimindo suas "inclinações". Paralelamente a isso surge também o deus kantiano, esse ser moral que tem poder sobre tudo", não apenas como instância de castigo e de julgamento, mas também – e isso é um aspecto muito importante, que raramente é percebido – como instância de *gratificação*. É bem verdade que o sujeito moral, enquanto sujeito do dever, repri-

---

54. *Loc. cit.*

55. *Ibid.*, p. 574.

me todas as inclinações para o prazer em favor da virtude, mas o deus moral recompensa seu trabalho, exercido com dores e sofrimento, dando-lhe bem-aventurança. "Na proporção exata da moralidade" se dá a "distribuição" da bem-aventurança[56]. O desempenho moral compensa. O sujeito moral que aceita também a dor e o sofrimento por causa da moralidade está seguro de receber a gratificação. Ele mantém uma relação íntima com o outro como instância da gratificação. Aqui não há crise de gratificação, pois Deus não engana, e nele se pode confiar.

O sujeito de desempenho da modernidade tardia não se submete a nenhum trabalho compulsório. Suas máximas não são obediência, lei e cumprimento do dever, mas liberdade e boa vontade. Do trabalho, espera acima de tudo alcançar prazer. Tampouco se trata de seguir o chamado de um outro. Ao contrário, ele ouve a si mesmo. Deve ser um empreendedor de si mesmo. Assim, ele se desvincula da negatividade das ordens do outro. Mas essa liberdade do outro não só lhe proporciona emancipação e libertação. A dialética misteriosa da liberdade transforma essa liberdade em novas coações.

A falta de relação com o outro provoca acima de tudo uma crise de gratificação. A gratificação como reconhe-

---

56. KANT, I. *Kritik der praktischen Vernunft*. Darmstadt, 1983, p. 239 [ed. por W. Weischedel].

Anexos

cimento pressupõe a instância do outro ou do terceiro. Também Richard Sennet liga a crise da gratificação a uma perturbação narcisista e à falta de um relacionamento com o outro:

> Enquanto distúrbio de caráter, o narcisismo é exatamente o oposto do amor-próprio característico. Mergulhar no si mesmo não cria nenhuma gratificação, ele traz dor e sofrimento ao si-mesmo. A dissolução das fronteiras que separam o si-mesmo e o outro significa que o si-mesmo jamais poderia encontrar nada de "novo", de "diferente". Ele será engolido e remodelado até que o si-mesmo volte a se reconhecer ali – mas com isso o diferente ou o outro acaba tornando-se insignificante. [...] O narcisista não está afeito a experiências, ele quer vivenciar – em tudo com que se encontra ele quer vivenciar a si mesmo. [...] Bebe-se no si-mesmo [...][57].

Na experiência, encontramos o *outro*. Esses encontros são transformadores sim, nos *modificam*. As vivências, ao contrário, prolongam o eu no outro, no mundo. Desse modo, elas nada mais são que *equiparadoras*. No amor-próprio, o limite para com o outro é claramente contornado. No narcisismo, ao contrário, ele se funde. O eu difunde-se e torna-se difuso.

---

57. SENNETT, R. *Verfall und Ende des öffentlichen Lebens* – Die Tyrannei der Intimität. Berlim, 2008, p. 563.

Sociedade do cansaço - Buyng-Chul Han

É bem verdade que Sennett restabelece uma ligação das perturbações psíquicas do indivíduo atual com o narcisismo, mas tira conclusões equivocadas:

> O constante aumento das expectativas, de tal modo que a respectiva postura jamais fique completamente insatisfeita, corresponde à capacidade de levar a termo alguma coisa. Evita-se o sentimento de ter alcançado uma meta, pois com isso se estaria objetivando a própria vivência, o que adotaria uma configuração, uma forma, e assim teria consistência independentemente do si-mesmo[58].

Mas na realidade a coisa é totalmente diferente. O sentimento de ter alcançado uma meta não é "evitado" *deliberadamente*. Ao contrário, o sentimento de ter alcançado uma meta definitiva jamais se instaura. Não é que o sujeito narcisista não queira chegar a alcançar a meta. Ao contrário, não é capaz de chegar à conclusão. A coação de desempenho força-o a produzir cada vez mais. Assim, jamais alcança um ponto de repouso da gratificação. Vive constantemente num sentimento de carência e de culpa. E visto que, em última instância, está concorrendo consigo mesmo, procura superar a si mesmo até sucumbir. Sofre um colapso psíquico, que se chama de *burnout* (es-

---

58. *Ibid.*, p. 581.

gotamento). O sujeito do desempenho se realiza na morte. Realizar-se e autodestruir-se, aqui, coincidem.

A histeria é uma doença psíquica típica da sociedade disciplinar, na qual se estabeleceu também a psicanálise. Ela pressupõe a negatividade da repressão, que leva à formação do inconsciente. As representações pulsionais rechaçadas ao inconsciente se manifestam por meio da "conversão" como sintomas somáticos, que marcam inequivocamente uma pessoa. As pessoas histéricas apresentam uma morfologia característica. Por isso, a histeria admite uma morfologia que a distingue da depressão.

Segundo Freud, o "caráter" é um fenômeno da negatividade, pois sem a censura ao aparato psíquico ele não se formaria. Por isso, Freud o define como "sedimento depositado de possessões objetuais renunciadas"[59]. Se o eu toma conhecimento das possessões objetuais que acontecem no id, evita-as com o processo de repressão. O caráter contém em si a história da repressão. Reflete certa relação do ego com o id e com o superego. Enquanto a pessoa histérica apresenta uma morfologia característica, a pessoa depressiva não tem forma, sim, é amorfa. Ele é um homem sem características. Carl Schmitt observa ser um "sinal de divisão interior" o fato de se "possuir mais

---

59. FREUD, S. *Das Ich und das Es*, p. 268.

do que um único inimigo verdadeiro". Isso se aplicaria também à relação com o amigo. Para Schmitt seria um sinal de falta de caráter e de forma, ter mais do que um único amigo. Os muitos amigos que alguém tem no Facebook, para Schmitt, seriam uma indicação de falta de caráter e falta de forma do ego pós-moderno. Vertido em sentido positivo, esse homem sem caráter significaria o homem flexível, aquele que pode acolher toda e qualquer forma, todo e qualquer papel, toda e qualquer função. Essa falta de forma ou flexibilidade produz uma eficiência econômica elevada.

Como acentua Freud, o inconsciente e a repressão são em "grande medida correlativos". Mas nas doenças psíquicas de hoje, tais como depressão, *burnout*, déficit de atenção ou síndrome de hiperatividade, ao contrário, não se vê a influência do processo de repressão e do processo de negação. Remetem, antes, a um excesso de positividade, portanto não estão referidas à negação, mas antes à incapacidade de dizer não, não ao não ter direito, mas ao poder-tudo. Assim, a psicanálise não oferece nenhum acesso a elas. A depressão não é consequência da repressão, que é exercida por essas instâncias de domínio como superego. No depressivo tampouco se dá algo como "transferência", que forneceria indícios indiretos dos conteúdos psíquicos reprimidos.

A sociedade do desempenho atual, com sua ideia de liberdade e desregulamentação, está trabalhando intensamente no desmonte de barreiras e proibições, que perfazem a sociedade disciplinar. As consequências são um franqueamento total de limites e barreiras, sim, uma promiscuidade generalizada. Assim, hoje em dia, já não mais vemos surgir aquelas ideias fantasiosas paranoicas de um Daniel Paul Schreber, que se referia a Freud remetendo-o a sua homossexualidade reprimida. O "caso Schreber" é um caso típico daquela sociedade disciplinar do século XIX, onde reinava uma proibição estrita da homossexualidade; sim, do prazer como tal.

O inconsciente não tem influência na depressão. Alain Ehrenberg, porém, insiste nessa tecla:

> Foi a história da depressão que nos ajudou a compreender essa reviravolta social e espiritual. Seu incremento incontido perpassa as duas dimensões de modificações que perfizeram o sujeito da primeira metade do século XX: a libertação psíquica e a insegurança da identidade, a iniciativa pessoal e a incapacidade de agir. Essas duas dimensões deixam claros dois riscos antropológicos, que residem no fato de que na psiquiatria o conflito neurótico inclina para a insatisfação depressiva. O indivíduo que dali surge se vê confrontado com mensa-

gens do desconhecido, que ele não consegue dominar, dessa parte irredutível que os ocidentais chamaram de inconsciente [...][60].

Segundo Ehrenberg, a depressão simboliza o "incontrolável", o "irredutível"[61]. Reincide no "conflito das possibilidades ilimitadas com o incontrolável"[62]. Assim, a depressão seria o fracasso frente ao incontrolável, do sujeito que busca iniciativas. Mas o incontrolável, o irredutível ou o desconhecido são, como o inconsciente, figuras da negatividade, que não são constitutivas para a sociedade de desempenho dominada pelo excesso de positividade.

Freud concebe a melancolia como uma relação destrutiva com aquele outro, que foi internalizada como parte do si-mesmo. Com isso, os conflitos originários com o outro são internalizados e transformados num autorrelacionamento conflitivo, que levaria ao empobrecimento do eu e à autoagressividade. Mas não há nenhuma relação conflitiva, ambivalente com o outro, que tenha se perdi-

---

60. EHRENBERG, A. *Das erschöpfte Selbst* – Depression und Gesellschaft in der Gegenwart. Frankfurt a.M. 2004, p. 273.

61. *Ibid.*, p. 277: "Na era das possibilidades ilimitadas, a depressão simboliza o incontrolável. Podemos manipular nossa natureza espiritual e somática, podemos reprimir nossas limitações usando diversos recursos, mas essa manipulação não nos liberta de nada. As coações e as liberdades acabam se modificando, mas 'nem por isso se reduz o irredutível.'"

62. *Ibid.*, p. 275.

do, que preceda a enfermidade depressiva do sujeito de desempenho atual. Ali não há qualquer participação da dimensão do outro. O responsável pela depressão, na qual acaba desembocando o *burnout*, é antes de mais nada a autorrelação sobre-exaltada, sobremodulada, narcisista, que acaba adotando traços depressivos. O sujeito de desempenho esgotado, depressivo está, de certo modo, desgastado consigo mesmo. Está cansado, esgotado de si mesmo, de lutar consigo mesmo. Totalmente incapaz de sair de si, estar lá fora, de confiar no outro, no mundo, fica se remoendo, o que paradoxalmente acaba levando à autoerosão e ao esvaziamento. Desgasta-se correndo numa roda de hamster que gira cada vez mais rápida ao redor de si mesma. Também os novos meios de comunicação e as técnicas de comunicação estão destruindo cada vez mais a relação com o outro. O mundo digital é pobre em alteridade e em sua resistência. Nos círculos virtuais, o eu pode mover-se praticamente desprovido do "princípio de realidade", que seria um princípio do outro e da resistência. Ali, o eu narcísico encontra-se sobretudo consigo mesmo. A virtualização e digitalização estão levando cada vez mais ao desaparecimento da realidade que nos oferece resistência.

O sujeito do desempenho pós-moderno, que dispõe de uma quantidade exagerada de opções, não é capaz de estabelecer ligações intensas. Na depressão todas as ligações e relacionamentos se rompem, também a ligação para consigo mesmo. O luto distingue-se da depressão sobretudo por sua forte ligação libidinosa com um objeto. A depressão, ao contrário, não tem objeto, por isso não tem uma orientação definida. Faz sentido distinguirmos a depressão também da melancolia. A melancolia é precedida por uma experiência de perda. Por isso, ela ainda sempre se encontra numa relação, a saber, numa relação negativa para com o ausente. A depressão, ao contrário, se vê cindida de toda e qualquer relação e "elo de ligação".

O luto surge quando se perde um objeto com forte carga de libido. Quem está de luto encontra-se totalmente junto ao outro amado.

O ego pós-moderno emprega grande parte de sua energia da libido para si mesmo. O restante da libido é distribuído em contatos sempre crescentes e relações superficiais e passageiras. Em virtude de um fraco "elo de ligação", é muito fácil retirar a libido de um objeto e com isso direcioná-la rumo à posse de novos objetos. O "trabalho de enlutamento" demorado e dolorido acabou se tornando desnecessário. A "alegria" que se encontra nas redes sociais de relacionamento tem sobretudo a função de elevar o sentimento próprio narcísico. Ela forma uma massa de aplausos que dá atenção ao ego exposto ao modo de uma mercadoria.

Alain Ehrenberg parte de uma distinção meramente quantitativa entre melancolia e depressão. A melancolia, que seria algo próprio de uma classe elitista, teria se democratizado, hoje, e se transformado em depressão: "Se a melancolia era uma característica própria do homem extraordinário, a depressão é expressão de uma *popularização do extraordinário*"[63]. A depressão é uma "melancolia somada à igualdade, a doença por excelência do homem democrático". Ehrenberg enraíza a depressão naquela época na qual o homem soberano, cuja chegada foi anunciada por Nietzsche, se transformou realmente em massa. Segundo essa concepção, o depressivo é a pessoa esgotada por sua soberania, que portanto já não tem mais força em ser senhor de si mesmo. Está cansado de tanta exigência de ter iniciativas. Essa etiologia da depressão acaba enredando Ehrenberg numa contradição, pois a melancolia, coisa que já existia na Antiguidade, não pode ser pensada a partir daquele sujeito de desempenho esgotado. Um melancólico antigo é alguém totalmente diferente daquele depressivo, ao qual falta a força para ser "senhor de si mesmo", ou a "paixão para ser si-mesmo"[64].

---

63. *Ibid.*, p. 262.

64. *Ibid.*, p. 199.

Sociedade do cansaço - Buyng-Chul Han

O sujeito de desempenho depressivo é, antes, o "último homem", como o "super-homem" soberano. Contrariamente à hipótese admitida por Ehrenberg, o super-homem de Nietzsche é um contramodelo de crítica cultural do sujeito de desempenho esgotado. Assim, ele aparece como um homem de tempo livre. O contrário disso, para Nietzsche, seria o hiperativo. A "alma forte" conserva o "repouso", "move-se lentamente" e sente uma "relutância frente ao demasiadamente-vivaz". Em *Assim falava Zaratustra*, Nietzsche escreve:

> Vós todos que amais o trabalho selvagem e o rápido, o novo, o estranho – vós vos suportais muito mal, vossa operosidade e esforço é fuga e vontade de esquecer a vós mesmos. Se acreditásseis mais na vida, vos entregaríeis menos ao instante. Mas vós não tendes conteúdo suficiente em vós para a espera – e mesmo para a preguiça, não![65]

O que torna doente é a falta de gravidade, que ajudaria ao si-mesmo nesse aspecto. Mas o imperativo que compromete todo mundo a "ter de tornar-se ele próprio", "pertencer somente a si mesmo", não produz aquela gravidade conclusiva.

---

65. NIETZSCHE, F. Also sprach Zarathustra – Ein Buch für alle und keinen (1883-1885). *In*: COLLI, G.; MONTINARI, M. (eds.). *Nietzsche Werke* – Kritische Gesamtausgabe. Seção 6ª, vol. 1, Berlim, 1968, p. 52s.

Mas a crítica cultural de Nietzsche é problemática na medida em que abstrai dos processos econômicos. As formas conclusivas que poderiam dar um "conteúdo" estável ao si-mesmo, o tornariam muito inflexível para as relações de produção capitalistas. As formas conclusivas bloqueiam precisamente a aceleração do processo de produção capitalista. O sujeito de desempenho explora a si mesmo do modo o mais efetivo, quando se mantém aberto para tudo, justo quando se torna *flexível*. Transforma-se assim no último homem. Como a histeria ou o luto, a melancolia é um fenômeno da negatividade, enquanto que a depressão tem a ver com um excesso de positividade. A tese de Ehrenberg de que a depressão seria uma forma democrática da melancolia não reconhece essa diferença fundamental. É noutro lugar que se deveria buscar um "elo de ligação" entre depressão e democracia. Para Carl Schmitt, a depressão seria algo bem característico da democracia, na medida em que lhe falta a força conclusiva e o poder afinado da decisão. Ehrenberg aborda a depressão exclusivamente na linha da psicologia e da patologia do si-mesmo e não percebe a influência do contexto econômico. O *burnout*, que em geral precede a depressão, não remete tanto àquele indivíduo soberano, ao qual falta a força para "ser senhor de si mesmo". O *burnout*, ao contrário, é a consequência patológica de uma autoexploração. O imperativo da expansão, transformação e do reinventar-se da pessoa, cujo contraponto é a depressão, pressupõe uma oferta de produtos ligados à identidade. Com quanto mais frequência se troca de identidade, tanto mais se impulsiona a produção. A sociedade disciplinar industrial depende de uma identidade firme e imutável, enquanto que a sociedade do desempenho não industrial necessita de uma pessoa flexível, para poder aumentar a produção.

Ehrenberg responsabiliza a falta de relação com o conflito pelo surgimento da depressão: "O surgimento da depressão deve-se à perda de relação com o conflito, sobre o qual se baseia o conceito de sujeito, como nos foi herdado pelo final do século XIX"[66]. O modelo de conflito domina a psicanálise clássica. A cura para isso consiste em *reconhecer*, ou seja, esclarecer propriamente na consciência que há um conflito intrapsíquico. Mas o modelo de conflito pressupõe a negatividade da repressão e da negação. Por isso, hoje já não pode ser empregado para explicar a depressão, à qual falta totalmente a negatividade. É bem verdade que Ehrenberg reconhece a falta de relação com o conflito como causa da depressão, mas para explicar a depressão ele continua lançando mão do modelo do conflito.

---

66. EHRENBERG. *Das erschöpfte Selbst*, p. 11.

Segundo ele, na base da depressão estaria um conflito *oculto* que através dos antidepressivos acabaria se deslocando cada vez mais para o plano de fundo:

> Com o evangelho do desenvolvimento pessoal de um lado, e com o culto da capacidade de desempenho, de outro, não desaparece o conflito; ele perde porém sua univocidade e já não se constitui mais num guia seguro[67].

Ultrapassando a tese de Ehrenberg, há que se admitir que o sujeito do desempenho não aceita sentimentos negativos, o que acabaria se condensando e formando um conflito. A coação por desempenho impede que eles venham à fala. Ele já não é capaz de elaborar o conflito, uma vez que esse processo é simplesmente por demais demorado. É muito mais simples lançar mão de antidepressivos que voltam a restabelecer o sujeito funcional e capaz de desempenho.

O fato de que, hoje, a luta não se dê tanto entre grupos, ideologias e classes, mas entre os indivíduos, não é tão decisiva para a crise do sujeito de desempenho como acredita Ehrenberg[68]. Problemática não é a concorrência

---

67. *Ibid.*, p. 248.

68. Cf. *Ibid.*, p. 267: "No lugar das lutas entre os grupos, surge a concorrência individual. [...] Nós vivenciamos um fenômeno duplo: uma universalização crescente, mas que continua sendo abstrata (a globalização) e uma individualização igualmente crescente, mas que pode ser sentida de forma bem concreta. Podemos combater em conjunto um chefe ou uma classe adversária, mas como fazer isso frente à globalização?"

entre os indivíduos, mas o fato de tomarem a si mesmos como referência e de aguçar neles, assim, sua *concorrência absoluta*. O sujeito de desempenho concorre consigo mesmo e, sob uma coação destrutiva, se vê forçado a superar constantemente a si próprio. Essa autocoação, que se apresenta como liberdade, acaba sendo fatal para ele. *O* burnout *é o resultado da concorrência absoluta*.

Na transição da sociedade disciplinar para a sociedade do desempenho o superego acaba se positivando no *eu-ideal*. O superego é repressivo. Pronuncia acima de tudo proibições. Com o "traço duro e cruel do dever de ordem", com o "caráter da restrição árdua, da proibição cruenta", ele impera sobre o eu. Contrariamente ao superego repressivo, o eu-ideal é sedutor. O sujeito de desempenho *projeta a si mesmo* na linha do eu-ideal, enquanto que o sujeito de obediência *se submete* ao superego. Submissão e projeto são dois modos de existência bem distintos. Do superego provém uma coação negativa. Ao contrário, o eu-ideal exerce uma pressão positiva no eu. A negatividade do superego restringe a liberdade do eu. O projetar-se do eu-ideal, ao contrário, é explicado como um ato de liberdade. Se o eu se enreda num eu-ideal inalcançável, vê-se literalmente fatigado ao extremo por ele. Do fosso que se abre então entre o eu-real e o eu-ideal, acaba surgindo uma autoagressividade.

Anexos

O sujeito de desempenho pós-moderno não está submisso a ninguém. Propriamente falando, não é mais sujeito, uma vez que esse conceito se caracteriza pela submissão (*subject to, sujet à, sujeito a*). Ele se positiva, liberta-se para um projeto. A mudança de sujeito para projeto, porém, não suprime as coações. Em lugar da coação estranha, surge a autocoação, que se apresenta como liberdade. Essa evolução está estreitamente ligada com as relações de produção capitalistas. A partir de um certo nível de produção, a autoexploração é essencialmente mais eficiente, muito mais produtiva que a exploração estranha, visto que caminha de mãos dadas com o sentimento da liberdade. A sociedade de desempenho é uma sociedade de auto exploração. O sujeito de desempenho explora a si mesmo, até consumir-se completamente (*burnout*). Ele desenvolve nesse processo uma autoagressividade, que não raro se agudiza e desemboca num suicídio. O projeto se mostra como um *projetil*, que o sujeito de desempenho direciona contra si mesmo.

Frente ao eu-ideal, o eu-real aparece como fracassado, acossado por suas autorreprimendas. O eu trava uma guerra consigo mesmo. Nessa guerra não pode haver nenhum vencedor, pois a vitória acaba com a morte do vencedor. O sujeito de desempenho se destrói na vitória. A sociedade da positividade, que acredita ter-se libertado de todas as coações estranhas, se vê enredada em coações autodestrutivas. É assim que doenças psíquicas como o *burnout* ou a depressão, que são as enfermidades centrais do século XXI, apresentam todas elas um traço altamente agressivo a si mesmo. A gente faz violência a si mesmo e explora a si mesmo. Em lugar da violência causada por um fator externo, entra a violência autogerada, que é mais fatal do que aquela, pois a vítima dessa violência imagina ser alguém livre.

Homo sacer é originariamente alguém que é excluído da sociedade por causa de alguma transgressão. É possível matá-lo sem que ele seja punido. O soberano dispõe do poder absoluto de suspender as ordens jurídicas vigentes. Ele incorpora o poder legislativo, que mantém uma relação com esse fora da ordem do direito. Assim, o soberano não precisa ter direito para impor o direito. Na medida em que ele suspende a ordem do direito, o estado de exceção acaba produzindo um espaço desprovido de direito onde ele pode intervir de forma absoluta em cada indivíduo. A produção da vida desnuda do *homo sacer* é o desempenho originário da soberania. Sua vida está e é desnuda porque ele está fora da ordem do direito e assim pode ser morto a qualquer momento.

Segundo Agamben, a vida humana só se politiza através de sua entrada e interferência no poder da soberania, a saber, só através do "ser-abandonado [*abbandono*] a um poder incondicional sobre a morte"[69]. A vida desnuda, passível de morte, e o poder da soberania condicionam seu mútuo surgimento:

> Contrariamente ao que nós, modernos, estamos acostumados a pensar como espaço político nos conceitos de direitos de cidadania, da vontade livre e do contrato social, a partir do ponto de partida da soberania é só a vida desnuda que é política de maneira autêntica[70].

A "vida exposta à morte" é o "elemento político originário". O "fenômeno originário da política" é o anátema, que produz a "vida desnuda do *homo sacer*". A soberania e a vida desnuda do *homo sacer* ocupam os dois limites extremos de uma ordem. Frente ao soberano, todos os seres humanos são potencialmente *homines sacri*. A teoria de Agamben do *homo sacer* se mantém presa no esquema da negatividade. Assim, tanto o algoz quanto a vítima, tanto o soberano quanto o *homo sacer*, distinguem-se inclusive topologicamente. Segundo Agamben, soberania e vida desnuda do *homo sacer* encontram-se "nos dois limites extremos de uma ordem". O estado de exceção de

---

69. AGAMBEN, G. *Homo sacer* – Die Souveränität der Macht und das nackte Leben. Frankfurt a.M. 2002, p. 100.

70. *Ibid.*, p. 116.

Agamben é um estado de negatividade. Os *homines sacri* da sociedade de desempenho, ao contrário, povoam o estado total normal, que é um estado de positividade. Agamben não se dá conta da mudança topológica da violência, que está na base da mudança da sociedade da soberania para a sociedade do desempenho.

O sujeito de desempenho está livre da instância de domínio exterior que o obrigue ao trabalho e o explore. Está submetido apenas a si próprio. Mas a supressão da instância de domínio externa não elimina a estrutura de coação. Ela, antes, unifica liberdade e coação. O sujeito de desempenho acaba entregando-se à coação livre a fim de maximizar seu desempenho. Assim ele explora a si mesmo. Ele é o explorador e ao mesmo tempo o explorado, o algoz e a vítima, o senhor e o escravo. O sistema capitalista mudou o registro da exploração estranha para a exploração própria, a fim de acelerar o processo. O sujeito de desempenho, que se imagina como soberano de si mesmo, como *homo liber*, aparece como o *homo sacer*. O sujeito de desempenho, como soberano, mostra-se ao mesmo tempo como *homo sacer de si mesmo*. Assim *homo liber* mostra ser *homo sacer*. Numa lógica paradoxal, também na sociedade do desempenho, soberano e *homo sacer* acabam condicionando-do mutuamente seu surgimento.

Se Agamben percebe que todos nós somos na medida do possível *homines sacri*, isso deve-se ao fato de que todos nós estamos sob o anátema do soberano e expostos a uma possibilidade absoluta de sermos mortos. Esse diagnóstico de Agamben contradiz as características da sociedade de hoje, que não é mais uma sociedade da soberania. O anátema, que faz com todos nós hoje sejamos *homines sacri*, não é um anátema da soberania, mas um *anátema do desempenho*. Aquele que se imagina como um livre-sujeito do desempenho, como *homo liber*, como soberano de si mesmo, está ele próprio sob esse *anátema do desempenho*, e faz de si mesmo um *homo sacer*.

Também a teoria de Ehrenberg não se dá conta da violência sistemática que habita no seio da sociedade de desempenho. Ela radica-se amplamente no elemento psicológico, e não no elemento econômico e político. Assim, nas enfermidades psíquicas do sujeito de desempenho, Ehrenberg não reconhece as relações de dominação neoliberal, que transforma aquele homem soberano, aquele que é o empreendedor de si mesmo, num escravo de si mesmo.

A economia capitalista absolutiza a sobrevivência. Ela se nutre da ilusão de que mais capital gera mais vida, que gera mais capacidade para viver. A divisão rígida, rigorosa entre vida e morte marca a própria vida com uma rigidez assustadora. A preocupação por uma boa vida dá lugar à histeria pela sobrevivência[71]. A redução da vida a processos biológicos, vitais, deixa a vida desnuda, despe-a de toda narratividade. Retira à vida a vivacidade, que a vida é algo muito mais complexo que mera vitalidade e saúde. A mania da busca por saúde surge sempre que a vida se tornou desnuda, como uma cédula de dinheiro, e quando todo conteúdo narrativo se esvaziou. Frente à atomização da sociedade e à erosão do social, sobra apenas o *corpo do eu*, que deve ser mantido sadio a qualquer preço. A vida desnudada faz desaparecer toda teleologia, todo ser-para, em função do que valeria a pena estarmos saudáveis. A saúde torna-se autorreferenciável e se esvazia num *expediente sem meta*.

A vida do *homo sacer* da sociedade de desempenho é sagrada e desnudada a partir de uma outra razão bem distinta. É desnuda porque está despida de toda transcendência, porque foi reduzida à imanência da mera vida, que deve ser prolongada a qualquer custo e com todos os

---

71. Aristóteles chama a atenção para o fato de que o intento de puramente ganhar capital seria algo condenável, pois estaríamos ocupados com o sustento da mera vida, e não com a boa vida: "Desse modo, a muitos, isso parece ser a tarefa da administração doméstica, ou da economia, e defendem amplamente a ideia de que se deve proteger o poder monetário ou multiplicá-lo ao infinito. A razão desse modo de pensar é o esforço laborioso em prol da vida, mas não em prol da boa vida; mas, uma vez que aquele desejo se expande ao ilimitado, também desejam poder operacionalizar possibilidades infinitas" (*Política*, 1257b).

meios. A saúde é elevada à nova deusa[72]. Por isso, a mera vida se tornou sagrada. Os *homines sacri* da sociedade de desempenho distinguem-se dos da sociedade soberana pela especificidade ampla de que são absolutamente impassíveis de serem mortos. Sua vida equipara-se à de mortos-vivos. Estão por demais vivos para morrer, e por demais mortos para viver.

Tempo de celebração – a festa numa época sem celebração[73]

Hoje vivemos numa época desprovida de festividade, numa época sem celebração. O que é uma festa? Já a especificidade linguística nos dá uma indicação sobre seu ser. No vernáculo se diz, celebramos uma festa. A celebração acompanha uma temporalidade específica da festa. A palavra *celebração* (*Begehung*) destaca a ideia de um objetivo para o qual nos encaminhamos. Na celebração o que se dá primariamente é que não precisamos nos encaminhar para algum ponto para chegar lá. Na festa, o tempo como sequencial de momentos passageiros e fugidios é suspen-

---

72. O último homem, de Nietzsche, observa que a saúde assumiu o posto de nova deusa, depois da morte de Deus; "[...] veneramos a saúde, 'nós encontramos a felicidade' – dizem os últimos homens e piscam os olhos" (*Also sprach Zarathustra*, p. 14).

73. Conferência proferida na abertura do Festival de arte de Ruhr (Ruhrtriennale), 2015.

Sociedade do cansaço - Buyng-Chul Han

so. Adentramos na celebração da festa como adentramos num espaço onde nos *demoramos*. O adentrar numa celebração se contrapõe ao transcorrer. No adentrar a celebração não há nada que transcorre e *passa*. O tempo de festa num certo sentido não passa. Em seu ensaio "Atualidade do belo", o filósofo Hans-Georg Gadamer concebe a proximidade específica entre arte e festa a partir da temporalidade que lhes é comum: "A essência da experiência de tempo da arte é que devemos aprender a demorar-nos junto a ela. Talvez essa experiência seja a mais adequada correspondência ao que se costuma chamar de eternidade"[74]. O tempo da festa é o tempo que não passa. É o tempo celebrativo em sentido específico.

Karl Kerényi escreve a respeito da festa:

> Um esforço puramente humano, o cumprimento usual de um dever não é propriamente uma festa, e a partir do não festivo não se pode celebrar nem sequer compreender uma festa. Deve intervir algo divino para que o que antes parecia impossível se torne possível. Se é elevado a um patamar onde tudo é "como no primeiro dia", iluminado, novo e "como pela primeira vez"; onde estamos na

---

74. GADAMER, H.-G. Die Aktualität des Schönen – Kunst als Spiel, Symbol und Fest. *In: Ästhetik und Poetik 1. Kunst als Aussage.* Tübingen, 1993, p. 136.

companhia dos deuses, onde nos tornamos inclusive divinos, onde sopra o hálito da criação e se participa do ato da criação. Essa é a essência da festa[75].

A festa é o evento, o lugar onde estamos junto com os deuses, onde inclusive nós próprios nos tornamos divinos. Os deuses se alegram quando os seres humanos jogam e brincam; os seres humanos jogam e brincam para os deuses. Se vivemos numa época sem festa, se vivemos numa época desprovida de celebrações, já não temos mais qualquer relação com o divino.

No livro de Platão chamado *Nomoi* (*As leis*), diz-se o seguinte:

> Mas o homem foi feito para ser um brinquedo de Deus, e isso é realmente o melhor que há nele. Assim, pois, cada um, tanto um varão quanto uma mulher, seguindo essa instrução e jogando os mais belos jogos deve viver a vida. Deve-se viver brincando e jogando [...], fazendo oferendas, cantando e dançando, para poder despertar a graça dos deuses [...].

Rituais de sacrifícios ou de oferendas são originalmente refeições comuns com os deuses. Festas e rituais abrem um acesso ao divino.

---

75. KERÉNYI, K. *Antike Religion*. Stuttgart, 1995, p. 43s.

Por toda parte onde trabalhamos e produzimos não estamos junto aos deuses nem tampouco somos divinos. Os deuses nada produzem. Eles tampouco trabalham. Talvez devêssemos reconquistar aquela divindade, aquela festividade divina, em vez de continuarmos sendo escravos do trabalho e do desempenho. Deveríamos reconhecer que hoje perdemos aquela festividade, aquele tempo de celebração na medida em que absolutizamos trabalho, desempenho e produção. O tempo de trabalho que hoje está se universalizando destrói aquela época celebrativa como tempo de festa.

A mera desaceleração não produz um tempo de celebração. O tempo de celebração é um tempo que não pode ser acelerado nem desacelerado. O assim chamado aceleracionismo, muito badalado atualmente, não percebe que na crise em que atravessamos atualmente não pode ser alcançado nem pelo processo de desaceleração nem pela aceleração. Precisamos de uma nova forma de vida, uma nova narrativa, donde possa surgir uma nova época, um outro tempo vital, uma forma de vida que nos resgate da estagnação espasmódica.

Tanto a festa quanto a celebração tem uma origem religiosa. A palavra latina *feriae* significa as ações próprias do culto religioso de um determinado tempo. *Fanum* significa "sagrado, um lugar consagrado a uma deidade".

Anexos

A festa começa onde cessa o tempo cotidiano pro-fano (literalmente: o que se localiza antes das cercanias sagradas). Então se é consagrado no tempo celebrativo da festa. Quando se suspende aquele umbral, aquela passagem, aquela consagração que separa o sagrado do profano, restará ainda apenas o tempo cotidiano, passageiro, que então será explorado como tempo de trabalho. Hoje em dia o tempo de celebração desapareceu totalmente em prol do tempo do trabalho, que acabou se tornando totalitário. A própria pausa se conserva implícita no tempo de trabalho. Ela serve apenas para nos recuperar do trabalho, para poder continuar funcionando.

O tempo de celebração é um tempo pleno, em contraposição ao tempo de trabalho, como tempo vazio, que deve ser simplesmente preenchido, que se move entre tédio e ocupação. A festa, ao contrário, realiza um instante de elevada intensidade vital. Hoje, a vida está perdendo cada vez mais intensidade. A vida sadia como sobrevivência é o nível absolutamente mais baixo da vida.

E hoje, é ainda possível haver festa? É claro que existem festas hoje em dia. Não são, porém, festas no sentido verdadeiro. Tanto a palavra *festa* quanto *festival* remontam à palavra latina *festus*. *Festus* significa uma referência aos dias definidos para ações religiosas. As festas ou festivais de hoje são eventos ou espetáculos. A temporalidade do evento é contrária à temporalidade da festa. O evento remonta à palavra latina *eventus*. *Eventus* significa: vir a acontecer de repente, acontecer. Sua temporalidade é a eventualidade. A eventualidade pode ser qualquer coisa, menos necessidade de tempo celebrativo. É a temporalidade da própria sociedade atual que perde contato com tudo que é vinculativo, com tudo que estabelece laços.

Na sociedade do trabalho e do desempenho de hoje, que apresenta traços de uma sociedade coativa, cada um carrega consigo um campo, um campo de trabalho. A característica específica desse campo de trabalho é que cada um é ao mesmo tempo detento e guarda, vítima e algoz, senhor e escravo. Nós exploramos a nós mesmos. O que explora é ao mesmo tempo o explorado. Já não se pode distinguir entre algoz e vítima. Nós nos otimizamos rumo à morte, para melhor poder funcionar. Funcionar melhor é interpretado, fatalmente, como melhoramento do si-mesmo.

A autoexploração é muito mais eficiente que a exploração estranha, pois caminha de mãos dadas com o sentimento de liberdade. Paradoxalmente, o primeiro sintoma do *burnout* é a euforia. Lançamo-nos eufóricos ao trabalho. Por fim acabamos quebrando.

Na época do relógio de ponto era possível estabelecer uma clara separação entre trabalho e não trabalho. Hoje edifícios de trabalho e salas de estar estão todos misturados. Com isso torna-se possível haver trabalho em qualquer lugar e a qualquer hora. *Laptop* e *smartphone* formam um campo de trabalho móvel. A revolução clássica tinha como meta superar as relações de alienação do trabalho. Alienação significa que no trabalho o trabalhador já não reconhece a si mesmo. Segundo Marx, o trabalho é uma contínua *autodesrealização*. Hoje, vivemos numa época pós-marxista. No regime neoliberal a exploração tem lugar não mais como alienação e autodesrealização, mas como liberdade e autorrealização. Aqui não entra o outro como explorador, que me obriga a trabalhar e me explora. Ao contrário, eu próprio exploro a mim mesmo de boa vontade na fé de que possa me realizar. E eu me realizo na direção da morte. Otimizo a mim mesmo para a morte. Nesse contexto não é possível haver nenhuma resistência, levante ou revolução.

Vivemos numa fase histórica muito específica, na qual a liberdade evoca uma coação a si mesmo. A liberdade das *habilidades* gera até mais coações do que o *dever* disciplinar, que profere ordens e proibições. O *dever* possui um limite. Mas a *habilidade* não possui limite algum. Está aberta para elevar-se e crescer. Assim, a coação que provém da *habilidade* é ilimitada. Com isso, nos vemos colocados numa situação paradoxal. A liberdade é propriamente a contrafigura da coação. Ser livre significa ser livre de coações. Apenas que essa liberdade, que tem de ser o contrário da coação, gera ela própria coações. As enfermidades psíquicas como a depressão ou o *burnout* são a expressão de uma profunda crise da liberdade. São um sinal patológico de que hoje a liberdade está se transformando em coação. É bem possível que a sociedade antiga fosse bem mais repressiva que a atual. Mas hoje não somos essencialmente livres. A repressão cede lugar à depressão.

A vida hoje se transformou num sobreviver. A vida enquanto um sobreviver acaba levando à histeria da saúde. A pessoa sadia irradia paradoxalmente um quê de mórbido, algo de sem-vida. Sem a negatividade da morte a vida enrijece em morte. A negatividade é a força vital da vida. Theodor W. Adorno escreve em sua *Minima Moralia*:

> O proliferar do elemento saudável já é como tal sempre também a enfermidade. Seu antídoto é enfermidade como consciência dela, a restrição da própria vida. Essa enfermidade curativa é o *belo*. Ela ordena uma parada à vida e com isso dá ordem à sua decadência. Mas se se nega a enfermidade em prol da vida, a vida hipostasiada, por força de seu cego desvinculamento de outros momentos, acaba incidindo precisamente nesse elemento destrutivo e mau, no elemento impertinente e vanglorioso. Quem odeia o destrutivo tem de

odiar também a vida: é só o morto que serve de comparação do vivente não desfigurado[76].

A sociedade atual do sobreviver que absolutiza o sadio destrói precisamente o belo. A mera vida sadia, que hoje adota a forma do sobreviver histérico, converte-se no morto; sim, num morto-vivo.

Nós nos transformamos em zumbis saudáveis e *fitness*, zumbis do desempenho e do *botox*. Assim hoje, estamos por demais mortos para viver, e por demais vivos para morrer.

O homem não nasceu para o trabalho. Quem trabalha não é livre. Para Aristóteles, o homem livre é alguém independente das necessidades da vida e de suas coações. Ele tem à disposição três formas de vida livre: primeiramente a vida que se volta ao gozo das coisas belas, depois, a vida que produz belos atos na *polis*, e por fim a vida contemplativa, que se conserva na investigação daquilo que não passa, se mantém no âmbito da beleza perene. Segundo isso, são livres os poetas, os políticos e os filósofos.

Esses se distinguem daquelas formas de vida que meramente servem para a conservação da vida. Assim, a vida do comerciante, voltada para o lucro, não é livre. Para Hanna

---

76. ADORNO, T.W. Minima Moralia – Reflexionen aus dem beschädigten Leben. *In: Gesammelte Schriften*. Vol. 4, Frankfurt a.M., 1980, p. 87.

Arendt, as três formas de vida livre têm em comum o fato de, as três, se desenrolarem no âmbito do belo, isto é, na sociedade de coisas que não são necessariamente usadas, e que até sequer são úteis para algo determinado.

A salvação do belo é igualmente o resgate do político. Hoje parece que a política vive ainda apenas de decretos de urgência. Já não é livre. Isto quer dizer: hoje já não há política. Se ela já não admite nenhuma alternativa, acaba se aproximando de uma ditadura, da ditadura do capital. Os políticos, que hoje se degradaram em capangas do sistema, que no melhor dos casos são hábeis administradores da economia doméstica ou contadores, não são mais políticos no sentido aristotélico.

Agir no sentido enfático é o que perfaz a vida do político (*bios politikos*). Ele não está submisso ao veredito da necessidade e da utilidade. As organizações sociais são necessárias para a convivência humana. Por causa dessa necessidade, não pertencem ao caráter político. Nem a necessidade nem a utilidade são categorias que pertencem ao *bios politikos*. O político enquanto homem livre precisa agir, ele deve produzir belos atos, belas formas de vida, para além daquilo que se faz necessário e útil à vida. Deve, por exemplo, modificar a sociedade, no sentido de possibilitar um incremento de justiça, um aumento de felicidade. Agir político significa fazer com que surja algo totalmente novo, ou o nascimento de uma situação social nova. O argumento muito conhecido, segundo o qual não há outra alternativa, nada mais significa que o fim da política. Hoje, os políticos trabalham muito, mas não *agem*.

O neoliberalismo, que gera muitas injustiças, não é algo muito bonito. A palavra inglesa *fair* significa tanto justo quanto belo. Também a palavra *fagar* (antigo alto-alemão) significa belo. Originalmente, a palavra *fegen* significa deixar brilhando. O duplo sentido de *fair* é uma indicação marcante de que, originariamente, beleza e justiça se sustentam na mesma ideia. A justiça é vista como bela. Há uma sinestesia especial que liga a justiça com a beleza. Como ensina o filósofo Giorgio Agamben, profanação significa atribuir às coisas um uso diferente, um uso livre, um uso com objetivos estranhos, para além de suas conexões funcionais originárias:

> quando estão brincando com alguma tralha velha que lhe caiu nas mãos, as crianças transformam em brinquedo qualquer coisa, mesmo que sejam objetos do campo da economia, da guerra, do direito e de outras atividades, que nós usualmente consideramos algo sério. Um automóvel, uma arma de fogo, um contrato jurídico, num piscar de olhos se transformam num brinquedo[77].

---

77. AGAMBEN, G. *Profanierungen*. Frankfurt a.M., 2005, p. 73.

Em meio à crise financeira na Grécia assistimos a um fenômeno que serve de sinal que aponta para o futuro. Crianças, brincando, encontraram nas ruínas de uma casa um grande maço de notas de dinheiro. Dele fizeram um uso bem diferente que o usual. Usaram o dinheiro para brincar e acabaram rasgando-o todo. Possivelmente, essas crianças anteciparam nosso próprio futuro: o mundo está em ruínas. No meio dessas ruínas, nós mesmos brincamos como aquelas crianças com cédulas de dinheiro, e acabamos também rasgando-as. Essas crianças gregas profanam o dinheiro, o capital, o novo ídolo, fazendo um uso bem diferente desse material, a saber, um brinquedo. A profanação transforma o dinheiro, que hoje é fetichizado de forma bem marcante, num brinquedo.

Esses episódios acabam se tornando algo bem incomum em razão de terem ocorrido precisamente num país que hoje sofre terrivelmente sob o jugo do capital, sob o terror do neoliberalismo. Trata-se, de fato, de um terrorismo do capital e do capitalismo financeiro. Aquele episódio incomum que se deu na Grécia possui um caráter eminentemente simbólico. Acena como um sinal vindo do futuro. Hoje, há que se profanar o trabalho, a produção, o capital, o tempo de trabalho, transformando-os em tempo de jogo e de festa.

Também a beleza está referida ao caráter de festa. Karl Kerényi escreve o seguinte:

> Enfeitar-se para uma festa e ir assim bem bonito para uma festa, como só é possível a seres humanos mortais, que através desse gesto assemelham-se aos deuses, isso é um traço fundamental da essência da festa, criado para a arte; é um parentesco originário do elemento festivo com o belo, que porém em nenhum povo alcançou um brilho tão intenso como nos gregos; povo algum dominou o culto como eles[78].

Os gregos fizeram brilhar maravilhosamente os elementos da beleza, da festa e do culto; nenhum outro povo europeu conseguiu produzir tamanho brilho e beleza. A própria palavra *cosmético*, muito usada hoje, remonta à palavra cosmos, que significa ordem bela, divina.

Culto e festa estão estreitamente interligados. A arte originária é para Nietzsche a arte da festa. Obras de arte são testemunhas materializadas daqueles momentos felizes de uma cultura em que o tempo usual, que depassa, é suspenso: "Outrora, todas as obras de arte eram expostas na grande rua festiva da humanidade, como sinais de memória e monumentos de momentos elevados e bem-aventurados". Originalmente, obras de arte são monumentos do tempo

---

78. KERÉNYI, K. *Antike Religion*, p. 49.

de celebração. São testemunhos de momentos supremos e bem-aventurados de uma cultura. Originalmente, só havia obras de arte dentro do culto, das ações cultuais. Originalmente, as obras de arte possuíam um valor cultual. Hoje, elas perderam esse valor cultual. O valor cultual deu lugar ao valor expositivo e ao valor de mercado. As obras de arte não são expostas na rua festiva, mas no museu e são armazenadas e guardadas em cofres de bancos. Museus e cofres bancários são depósitos de ossadas da arte. São lugares do tempo-zero, sim, do não-tempo. Originalmente, obras de arte são manifestações de vida intensa, superabundante, exuberante. Hoje, essa intensidade da vida foi totalmente perdida. Ela deu lugar ao consumo e à comunicação. Também o Eros deu lugar à pornografia. Hoje em dia, tudo é rebaixado ao nível zero absoluto. E é precisamente essa igualitação que acaba acelerando a circulação da informação, comunicação e capital. Ela aumenta o nível de produtividade e eficiência.

Hoje em dia, as coisas só começam a ter valor quando são vistas e expostas, quando chamam a atenção. Hoje, nos expomos no Facebook, e com isso nos transformamos em mercadoria. Originariamente, a palavra *produção* não significa fabricação e confecção, mas levar para diante, tornar visível. Na língua francesa é possível ainda ver que esse nível de significação fundamental da palavra produção ainda se mantém vivo. *Se produire* significa entrar em cena, mostrar-se. Também no vernáculo, ainda podemos sentir esse significado no uso pejorativo de "produzir-se", no sentido de comportar-se como fanfarrão, fazer-se de importante. Sim, hoje nós nos fazemos importantes nas redes sociais, no Facebook. Nós produzimos informações e aceleramos a comunicação, na medida em que nos "produzimos", nos fazemos importantes. Nós ganhamos visibilidade, expomo-nos como mercadorias. Nós nos produzimos para a produção, para a circulação acelerada de informação e comunicação. A vida, enquanto total-produção faz desaparecer tanto os rituais quanto as festas. Nos rituais e festa, ao invés de produzir, a gente gasta.

Hoje, o capital se submete a tudo. *Lifetime value* significa a totalização dos valores que podem ser hauridos de uma pessoa como cliente, quando se comercializa cada momento de sua vida. Aqui a pessoa humana é reduzida ao valor de cliente, ou ao valor de mercado. A intenção que está ao fundo desse conceito é que toda a pessoa, toda sua vida é transformada num valor puramente comercial. O hipercapitalismo atual dissolve totalmente a existência humana numa rede de relações comerciais. Já não existe nenhum âmbito da vida que consiga se eximir da degradação provocada pelo comércio. O hipercapitalismo transforma todas as relações humanas em relações comerciais. Ele arranca a dignidade do ser humano, substituindo-a completamente pelo valor de mercado.

No mundo de hoje, tudo que é divino e festivo ficou obsoleto. Tudo se transformou numa grande e única loja comercial. A assim chamada economia *sharing* está transformando a cada um de nós em vendedor, sempre espreitando na busca de clientes. Nós enchemos o mundo com objetos e mercadorias com vida útil e validade cada vez menores. Essa loja de mercadorias não se distingue muito de um manicômio. Aparentemente, temos tudo; só nos falta o essencial, a saber, o mundo. O mundo perdeu sua alma e sua fala, se tornou desprovido de qualquer som. O alarido da comunicação sufoca o silêncio. A proliferação e massificação das coisas expulsa o vazio. As coisas superpovoam céu e terra. Esse universo-mercadoria não é mais apropriado para se *morar*. Ele perdeu toda relação para com o divino, para com o sagrado, com o mistério, com o infinito, com o supremo, com o elevado. Perdemos toda capacidade de admiração. Vivemos numa loja mercantil transparente, onde nós próprios, enquanto clientes transparentes, somos supervisionados e governados. Já é tempo de rompermos com essa casa mercantil. Já é hora de transformar essa casa mercantil novamente numa moradia, numa casa de festas, onde valha mesmo a pena viver.

Para ver os livros de
BYUNG-CHUL HAN
publicados pela Vozes, acesse:

livrariavozes.com.br/autores/byung-chul-han

ou use o QR CODE

Conecte-se conosco:

f facebook.com/editoravozes

◉ @editoravozes

𝕏 @editora_vozes

▶ youtube.com/editoravozes

✆ +55 24 2233-9033

www.vozes.com.br

Conheça nossas lojas:

www.livrariavozes.com.br

Belo Horizonte – Brasília – Campinas – Cuiabá – Curitiba
Fortaleza – Juiz de Fora – Petrópolis – Recife – São Paulo

EDITORA VOZES LTDA.
Rua Frei Luís, 100 – Centro – Cep 25689-900 – Petrópolis, RJ
Tel.: (24) 2233-9000 – E-mail: vendas@vozes.com.br